NEW

今宮信吾・田中博之 編著

学級力向上プロジェクト

小中学校のクラスが変わる
学級力プロット図 誕生！

ダウンロード
資料 付

金子書房

はじめに
ついに学級力プロット図が誕生！

　今，子どもたちの人間関係力が低下してきている。少子化のため家族の中で子どもの人数が減り，ゲームやマンガで引きこもって群れ遊びが減り，学校では学力向上のためにひとり学びが増えている。こうした子どもたちの人間的成長の危機的状況によって，いじめや不登校が増えているのではないだろうか。

　学校でのいじめをなくし，不登校の子どもたちが楽しく学校に通い，クラスの中で多様な子どもたちが個性を認め合って，助け合い学び合う関係づくりを行うことが何よりも重要な教育課題になっている。

　こうした子どもたちの人間関係力の育成が強く求められているときに，私たちは「学級力」という新しい資質・能力を提案し，子どもたちが学習と生活の場である学級の中で，主体的につながり合い，育ち合う関係性を築いていく力を育てていきたいと考えてきた。

　金子書房さんのご支援のもと，「学級力」をテーマにした本をすでに6冊も刊行していただいたところ，幸い全国の学校や教育委員会から好評を得て，学級力向上プロジェクトの実践は大きな広がりを見せてきた。

　文部科学省も新しい学習指導要領の総則で，子どもたちの肯定的で支持的な人間関係力の育成を重視して，「学級経営の充実」というキーワードを小・中・高校に共通する一貫したテーマとして掲げ，いじめのない

支え合う学級づくりの推進を提唱している。

　さて，以上のような問題意識と現状認識に基づき私たちがすすめてきた学級力向上プロジェクトの実践研究もはや15年になろうとしている。長い実践の歴史の中で，最近新たな実践課題が浮かび上がってきた。それは，「学級の子どもたち一人ひとりを大切にして，課題のある子や居場所のない子，気がかりな子を，どのようにして学級力向上プロジェクトを通して育てていけばよいか？」という問いであり，今その解決方法が求められている。

　学級力はクラスに所属する子どもたちの関係性を高めるための新しい資質・能力である。子どもたちが学級力アンケートの結果をレーダーチャートで見ることにより，自分たちの学級をよりよくしていこうとする意識と行動力を高める上で大変効果的な，アクティブ・ラーニングとしての学級づくりの手法が生まれてくる。

　しかし，そうした大きな効果がある反面で，学級力レーダーチャートの陰に隠れた，クラスの中の課題のある子たち（いじめをしている子，いじめを受けている子，消極的な子，友だちがいない子，発言が苦手な子，学習に関わる課題が大きい子など）一人ひとりに向けたきめ細かな配慮や意識が生まれにくいという問題も明らかになってきた。

　そこで，この3年間ほど，学級力に関する子どもたちの自己評価結果を集団の平均値にしてレーダーチャートで表すだけでなく，学級の子どもたち一人ひとりをドットにして4象限グラフの上に表示し，学級力の「やりぬく力（縦軸）」と「つながる心（横軸）」を交差させた学級力プロット図として学級力アンケートの結果を可視化することを試みてきた。そこから学級担任と子どもたちが，第3象限（学級力に関わる達成志向と協調志向の両面でマイナスの状況）にプロットされる子どもたちを早急に見つけ出し，その子たちへの多様な支援に積極的に取り組んでいくことを通して，子どもたち一人ひとりを大切にするよりよい学級づくりが実現するのではと考えたのである。学校の存在意義として，すべての学級を個と集団が響き合いながら共に成長する場にしたいのである。

はじめに

幸い，村瀬琢也先生のご協力のもと，エクセルを用いた学級力プロット図を作成する新しいソフトウェアの開発に成功し，いくつかの小・中学校で試行的な実践を行ったところ，学級全体もそして一人ひとりの子どもたちも，共に大切にして伸ばしていく，パワーアップしたNEW学級力向上プロジェクトの実践を生み出すことができるようになった。

　これを機に学級力プロット図を活用した実践事例の提供だけでなく，最新の関連ファイルもすべてダウンロード可能にした魅力的なハンドブックを作る準備が整い，新しい本の制作を進めることになった。編集にあたりご尽力いただいた金子書房の小野澤将様，そしてフリー編集者の池内邦子様に大変お世話になった。記して感謝したい。

　また，学級力プロット図作成ソフトの作成とはがき新聞の実践づくりに多大なるご支援をいただいた，公益財団法人理想教育財団様にも深く感謝したい。

　学級の中で子どもたちが集団で育ち合う機会を奪うような環境に置かれても負けることなく，学級力が高まり，いじめのない明るく楽しい生き生きとした学級が生まれてくることを心より願っている。

2021年2月吉日

関西学級力向上研究会 部会長
今宮信吾
関東学級力向上研究会 世話人
田中博之

目　次

はじめに
── ついに学級力プロット図が誕生！
今宮信吾　田中博之 ……… i

第 **I** 部

学級力をぐんと伸ばす 新しい学級づくり

1 子どもたち一人ひとりに焦点をあてた
NEW学級力向上プロジェクト
田中博之 ……… 002

2 学級力で大きく変わった学級経営の方法
── いじめ，クラスになじめない子をなくす学級づくりを！
今宮信吾 ……… 014

3 オンラインでもできる
学級力が自己成長するクラスづくり
磯部征尊　伊藤大輔 ……… 026

4 学級力アンケートの結果を学級力プロット図で可視化
── 子どもたち一人ひとりの状況をアセスメント
村瀬琢也 ……… 038

 学級力にまつわる疑問を解決！！
遠藤真司　蛯谷みさ ……… 050

第II部 学級力プロット図 活用術

5 初めて取り組む学級力レーダーチャート・学級力プロット図
野村宏人 ………058

6 みんなが笑顔になる小学校中学年の実践
宇都 亨 ………068

7 一人ひとりの心地よい居場所をつくる小学校高学年の実践
宇都 亨 ………078

8 学級を主体的・対話的に改善する中学校の実践
川村朋也 ………088

第III部 いじめ、クラスになじめない子をなくす学級力向上プロジェクト

9 低学年の子どもたちと一緒に取り組む新しい学級づくり
清水生恵 ………100

10 学年で一体となって取り組む学級力向上プロジェクト
藤井幸一 ………110

11 「規律づくり・居場所づくり・絆づくり」を基盤とした学級づくり
坂本登紀子 ………121

12 みんなで支え合う環境をつくる学年力向上プロジェクト
江袋勇樹 ………132

おわりに
今宮信吾 ………142

資料のダウンロードと活用に関するお願い

ダウンロード資料は，金子書房のホームページ『NEW 学級力向上プロジェクト』のページ（https://www.kanekoshobo.co.jp/book/b557475. html）よりダウンロードしてご使用ください。

金子書房　NEW 学級力向上プロジェクト	検索

また，活用にあたっては，次の点をお願い申し上げます。

1　収録されているそれぞれのファイルには，パソコンの動作環境に関する制限があります。うまく作動しない場合には，それぞれのソフトウェアの最新版でお試しください。

2　集計ソフト（レーダーチャート作成ソフト，プロット図作成ソフト）は，参考資料として付けているもので，完全なソフトウェアの動作保証をしているわけではありません。動作中にデータが失われるなどのトラブルが生じても責任を負いかねますので，ご了承願います。

3　上記により，集計ソフトにおけるデータのバックアップをとることをお勧めします。

4　すべてのファイルには，著作権があります。ご使用は，個人的な場面や学校の授業などに限定し，公開の場での利用や，参加費などを徴収する有料の研究会や集会などでのご使用に際しては出典を明記するとともに，金子書房編集部宛使用許可の申請をお願いします。内容を確認の上，許諾します。また，ホームページなどへの掲載を含む，第三者への頒布はご遠慮ください。

5　ファイルをダウンロードできない場合は，ブロードバンドによる通信環境（光回線，CATV 回線等）のもとで，再度実行してください。通信環境がよくない場合，作動しないことや時間がかかることがありますので，予めご了承願います。

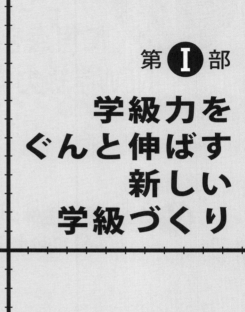

第**I**部

学級力を
ぐんと伸ばす
新しい
学級づくり

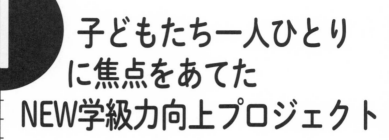

子どもたち一人ひとり に焦点をあてた NEW学級力向上プロジェクト

田中博之

1 子ども主体の学級づくり 「学級力向上プロジェクト」の広がり

今日，学校でのいじめをなくし，不登校の子どもたちも楽しく学校に通い，クラスの中で多様な子どもたちが個性を認め合って，助け合い学び合う関係づくりを行うことが，何よりも重要な教育課題になっている。

こうした子どもたちの人間関係力の育成が強く求められている時代に，私たちは「学級力」という新しい仲間づくりの資質・能力を提案し，子どもたちが，学習と生活の場である学級の中で，主体的につながり合い育ち合う関係性を築いていく力を育てていきたいと考えてきた。

文部科学省も新しい学習指導要領の総則で，子どもたちの肯定的で支持的な人間関係力の育成を重視して，「学級経営の充実」（高等学校では「ホームルーム経営の充実」）を小・中・高で共通する一貫したテーマとして掲げ，いじめのない支え合う学級づくりの推進を提唱している。

私たちがすすめてきた「学級力向上プロジェクト」の実践研究は，すでに15年を超えている。その間，学級力アンケート（資料1）と学級力レーダーチャート（資料3：p.11）の作成や仲間づくりアクティビティー

ver.1.2

学級力アンケート

6　年　　組　　番

名前

第　回　（　　月）
6年生版

◎　このアンケートは、私たちの学級をよりよくするためにみんなが意見を出し合うものです。
それぞれの項目の4～1の数字のあてはまるところに、一つずつ〇をつけましょう。

4：とてもあてはまる　3：少しあてはまる　2：あまりあてはまらない　1：まったくあてはまらない

目標をやりとげる力

①設定　みんなでやりとげる目標やめあてを、話し合いをして決めている学級です。　　4 — 3 — 2 — 1

②もはん　6年生らしさや下級生のもはんになることを考えて、行動できる学級です。　　4 — 3 — 2 — 1

自律する力

③反省　自分たちのことをふり返って反省し、学習や生活をよりよくしている学級です。　　4 — 3 — 2 — 1

④運営　授業中に、自分たちで司会や記録をして話し合いを進めることができる学級です。　　4 — 3 — 2 — 1

話をつなげる力

⑤新しさ　新しいアイデアや個性的な考えを積極的に出して、話し合いをしている学級です。　　4 — 3 — 2 — 1

⑥合意　いろいろな意見や提案を聞き合い、みんなの考えをまとめることができる学級です。　　4 — 3 — 2 — 1

友だちを支える力

⑦支え合い　勉強・運動・そうじ・給食などで、教え合いや助け合いをしている学級です。　　4 — 3 — 2 — 1

⑧素直　「ありがとう」や「ごめんね」が素直にいえる学級です。　　4 — 3 — 2 — 1

安心を生む力

⑨平等　友だちの間に上下関係がなく、だれとでも平等に接している学級です。　　4 — 3 — 2 — 1

⑩尊重　友だちの心を傷つけることを言ったり、からかったりしない学級です。　　4 — 3 — 2 — 1

きまりを守る力

⑪学習　授業中にむだなおしゃべりをしない学級です。　　4 — 3 — 2 — 1

⑫時間　集合の時間、授業開始の時間、活動終了の時間を守る学級です。　　4 — 3 — 2 — 1

資料1　学級力アンケート（小学校6年生特別版）

を描いたアクションカードの作成，若手教員の学級経営力を伸ばす学級
マネジメント力チェックシートの作成など，多くの学級づくりのツール
を開発して子ども主体の学級づくりに関心のある先生方へ提供してきた
（参考文献1・2・3・4参照）。

学級力向上プロジェクトは，学級力アンケートによる学級力の自己評価，学級力レーダーチャートを基にして話し合うスマイルタイム，そして学級力向上のために子どもたちが主体的に取り組むスマイル・アクションという３つの活動を，１年間のR-PDCAサイクル（診断・計画・実施・評価・改善）に沿って意図的・計画的に子どもたちが実践する課題解決的な学習である。その流れを，簡潔に示すと以下のようなステップとなる。できれば，各学期でこのサイクルを１回実施してほしい。

【学級力向上プロジェクトの流れ】

（左端の英字はサイクルの各段階）

R 「いいクラスってどんなクラス？」というテーマで話し合う
- 第１回学級力アンケートを実施し学級力レーダーチャートを作成する
- レーダーチャートを見ながら学級力の状況を診断する

P 学級力を高める具体策（スマイル・アクション）を決める

D 朝の会，授業中，休み時間，帰りの会などでスマイル・アクションを行う

C 第２回学級力アンケートを実施し学級力レーダーチャートを作成する
- レーダーチャートを見ながら学級力を診断し改善策を考える

A 朝の会，授業中，休み時間，帰りの会などでスマイル・アクションを行う

　学級力は，クラスに所属する子どもたちの関係性を高めるための新しい能力観であり，子どもたちが学級力アンケートの結果をレーダーチャートでわかりやすく表示して見ることにより，自分たちの学級を主体的・協働的によりよくしていこうとする意識と行動力を高める上で効果的な，アクティブ・ラーニングとしての学級づくりのアイデアである。
　ありがたいことに，多くの小学校と中学校の学級担任の先生方に取り入れられて，学級づくりのアクティブ・ラーニングである「学級力向上

プロジェクト」は全国で着実に広がりを見せている。教師主体の学級経営から，子ども主体の学級づくりへ，そして教師と子どもたちが協働的に取り組む学級づくりへという実践の流れが，多くの学校ではっきりとしてきた。

2 気がかりな子や課題のある子，一人ひとりを大切にする学級づくり

しかし，そうした大きな効果がある反面で，学級力レーダーチャートという，子どもたちの学級評価の平均値の影に隠れた，クラスの中の課題のある子や気がかりな子たち（いじめをしている子，いじめを受けている子，情緒的なコントロールが難しい子，消極的な子，友だちがいない子，発言が苦手な子，学習上の課題が大きい子，家庭のことで悩みのある子，など）一人ひとりに向けた配慮や意識が生まれにくいという問題も明らかになってきた。

つまり，こうした長い実践の歴史の中で，また新たな実践課題が浮かび上がってきたのである。それは，「学級の子どもたち一人ひとりを大切にして，課題のある子や居場所のない子，気がかりな子，多様な教育的ニーズのある子を，どのようにして学級力向上プロジェクトを通して育てていけばよいか？」という問いである。今こそ，一人ひとりを大切にする学級づくりの実践がどの教室でも求められている。

そのためには，レーダーチャートだけではなく，子どもたち一人ひとりを表示することができる新たな可視化ツールが必要であると考えた。

3 学級力アンケートの結果をドットで表示する学級力プロット図の特徴

そこで，この3年間ほど，学級力アンケートの結果を集団の平均値としてレーダーチャートで表すだけでなく，新たに，クラスの子どもたち一人ひとりをドットにして，「やりぬく力」（縦軸）と「つながる心」（横

軸）という学級力の2つの軸を交差させた4象限グラフの上にプロット
し，「学級力プロット図」（作成にあたり，参考文献5，6を参照）とし
て学級力アンケートの結果を学級担任の先生方に可視化して，一人ひと
りを大切にする学級づくりに生かしてきた。

　学級担任と子どもたちが，第3象限（学級力に関わる達成志向「やり
ぬく力」と協調志向「つながる心」の両面でマイナスの状況）にプロッ
トされる子どもたちを早急に見つけ出し，教師と子どもたちが協力して
課題のある子たちへの関わりや支援を積極的に行うことを通して，クラ
スにいる子どもたち一人ひとりを大切にしたよりよい学級づくりが実現
するのではないかと考えたのである。

　この新しい「学級力プロット図」を活用すれば，個と集団が響き合い
ながら共に成長する学級を生み出すことができる。そう確信して，最近
の実践研究の成果を本書にまとめて世に問うことにしたのである。

　本書4章著者の村瀬琢也先生のご協力のもと，エクセルを用いた学級

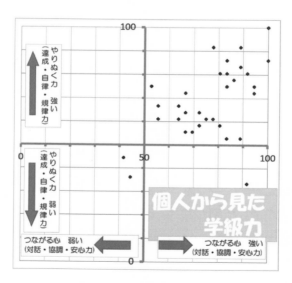

**資料2　学級力アンケートの結果をドットで図示する
学級力プロット図**

力プロット図を作成するソフトウェアの開発に成功した（資料２）。

　それを用いていくつかの小中学校で試行的な実践を行ったところ，学級全体も一人ひとりの子どもたちも共に大切にして伸ばしていく，パワーアップした新しい学級力向上プロジェクトの実践を生み出すことができるようになった。二次元を交差したグラフにするために，次のようにしてそれぞれの軸を命名し，学級力の下位領域を３つずつ位置づけることにした。

> 【縦軸】　やりぬく力　（達成力，自律力，規律力）
> 【横軸】　つながる心　（対話力，協調力，安心力）

　なお，小学校向け学級力アンケートは５領域（６年生特別版は６領域）であるため，縦軸には２領域（達成力と規律力）のみを位置づけている。子どもたちに見やすいように，軸の目盛りを100点としている。さらに，50と表示された２軸の交点は，学級力アンケートを４件法でつけることから，中央値である2.5点になると50点のところにくるよう計算式を作っている。また，それぞれの軸に位置づけられた全アンケート項目の値の平均値において，2.5以上の値になれば交点を含んでそれより上側または右側（50〜100），逆にそれより小さい値になれば交点より下側または左側（0〜49）になるようにしている。

　この学級力プロット図は，基本的には学級担任が用いて，学級内の課題のある子を早期に発見しその子への個別指導を充実させるとともに，長期的な変容過程を散布図から見出して子どもの状況に応じて関わり方を改善していくことに効果を発揮する。しかし，学級の子どもたちが落ち着いて冷静に判断できるようであれば，学級力プロット図（ドットのみ表示）を子どもたちに可視化して提示し，子どもが特定されない工夫をした上で，第３象限や第２・４象限に位置づいている友だちが感じている課題を推測したり，ワークシートなどで書いてもらった自由記述からその子の思いや願いを想像したりして，一人ひとりを大切にしたスマ

イル・アクションを立案して実践することもできる。

　資料２の学級力プロット図では，第１象限には，学級力アンケートの項目の多くで学級の状況をより肯定的に評価した児童生徒がドットになって表示されている。つまり，第１象限に位置づいている児童生徒は，「やりぬく力」においても「つながる心」においても，自分が所属する学級の様子をより肯定的にとらえているといえる。逆に，第３象限に位置づいている児童生徒は，自分の学級の様子を，「やりぬく力」においても「つながる心」においても，否定的にとらえているといえる。

　その他の第２象限と第４象限に位置づいている児童生徒は，どちらかの軸が肯定的でもう一方の軸が否定的というように二次元でそれぞれに異なる学級評価を行っているといえる。第３象限ほどではないにしても，ここに位置づいてくる児童生徒の状況にも課題があることが推測されるので，適切な支援が必要になる。

　こうしてみてみると，一人ひとりの児童生徒を大切にする新しい学級力向上プロジェクトでは，第３象限に位置づけられた児童生徒をできる限り減らしていき，さらに，その子たちを第１象限に引き上げていくとともに，第１象限に位置づいている児童生徒をより右上方に移動していくように支援したり関わっていったりすることが大切である。

　学級力プロット図作成ソフトでは，複数回の学級力アンケートの結果を入力すると，学級力プロット図のドットの移動の様子を個票シートにおいて一人ずつ矢印で表示する機能や，学級担任が児童生徒を特定できるようにドットの右隣に出席番号を表示する機能ももたせている。

　このようにして，学級力レーダーチャートでは学級全体の状況とその移り変わりの様子をアセスメントし，学級力プロット図では学級の子どもたち一人ひとりの位置とその変化の様子をアセスメントすることにより，学級内の集団と個を多面的・多角的に診断しながら，より的確できめ細かな学級づくりを行うことが可能になった。

　ただし，この学級力プロット図には，未検証のままの仮説が内在しており，その仮説が成り立つことを前提として活用することが必要である。

　その仮説は，現時点では不思議としかいいようがないものであるが，もしかすると一定数の児童生徒は学級力アンケートの各項目を見て，必ずしもアンケートが求めるように学級全体の雰囲気や様子を見て回答しているのではなく，実際には，自分がその学級の中でどれほど満足しているか，溶け込んでいるか，または居場所があるかという観点から回答しているのかもしれない。この仮説の解決には，特に第3象限に位置づいている児童生徒への個別インタビューが必要になってくるだろう。

　そのため，子どもたちが学級全体の状況を評価して学級力アンケートに回答しているとしても，学級力プロット図で子どもたちの位置づけを個に注目して診断するには，次の仮説の成立が必要になる。

【仮説】アンケート項目の文末が「学級です」となっていて学級全体の状況の客観的な評価を求められていても，課題のある子どもたちは自分の学級の中での不安や不満，心配な気持ちを反映させて，学級の様子を主観的・否定的に評価する傾向がある。

009

　この仮説が成り立てば，学級力プロット図を用いた個のアセスメントをするときには，その子の学級における個としての立ち位置や満足感，帰属意識などの表れを指標としてアセスメントすることが可能になる。現時点ではこの仮説の検証はなされていないため，今後の実践研究が求められる。

4 学級力向上プロジェクトをこれから新しく実践する先生方へ

　さて，ここで学級力や学級力向上プロジェクトについて，まだあまりなじみがない先生方のために，基本的な考え方を紹介しておこう。

　学級力とは，子どもたちが学び合う仲間である学級をよりよくするために，常にチャレンジする目標をもち，安心し合える友だちとの豊かな対話を創造して，規律を守り自律的に協調的関係を築こうとする力であ

る。学級力は，次のような6領域からなる力の総体である。

① 目標達成力

　いつもクラスに達成したい目標があって，子どもたちが生き生きといろいろなことにチャレンジしているクラスを想定した。

② 自律実践力

　自分たちのことは自分たちで実行・実践していくことを大切にして，特に時間の管理や学級会での司会進行，学習と休憩のあいだのけじめ，行事や学校ボランティア活動などをがんばるクラスを想定した。

③ 対話創造力

　授業中に，友だちの意見につなげて発言したり，友だちの意見を尊重してよりよいアイデアや新しい考えを生み出したりして，コミュニケーションを豊かに展開できるクラスを想定した。

④ 協調維持力

　友だち同士で何でも相談し合える仲のよさがあり，勉強やスポーツでよく教え合い，けんかをしてもすぐに仲直りができるクラスを想定した。

⑤ 安心実現力

　クラスが居心地のよい学習と生活の場となるように，一緒に仲よく学習や運動に取り組み，やさしく丁寧な言葉づかいができてだれもが平等に扱われるクラスを想定した。

⑥ 規律遵守力

　多様な学習や生活のルールを守るだけでなく，それらを話し合いによって創り出していくことができる規範意識の高いクラスを想定した。

　これら6つの力を，関連づけてバランスよく育てることが大切である。

　なお小学校の第6学年を除く各学年においては，領域としてやや難しい「自律力」を外して，5領域でアンケートを構成している。

　興味深いことに，この学級力アンケートを実施して結果をレーダーチャートにすると，どのクラスも同じ形状になることはない。各クラスには，それぞれの学級力の成果と課題が存在しているからである。子ど

もたちは自分たちのクラスの実態を自分たちの評価結果を通して実感を
もって受け止め，それに基づいた学級改善の取り組みを主体的に始める
ことができるようになる。学級力アンケートは，教師と子どもが協力し
て学級づくりをすすめるために，学級評価の結果を子どもたちに可視化
して見せることができる，世界で唯一の学級改善ツールである。

　学級力アンケートは，小学校低学年版，中学年版，高学年版，6年生
特別版，中学校版，中学校3年生特別版，そして高等学校版の7種類か
らなっている。1回目の実施時には，やり方の説明が必要になるため30
分程度を要する。しかし2回目からは学年にもよるが，10分程度でつけ
られ結果をすぐにレーダーチャートで可視化できるほど簡便である。各
ファイルは，本書のダウンロード資料として提供しているので活用して
ほしい。

　一方，学級力レーダーチャートでは，前回実施したアンケートの結果
を赤い実線で表示し，直近の結果を青色の領域で表示することによっ
て，学級力の変容が子どもたちに見やすくなるように工夫している（資
料3）。

　同じ学年で実施しても，学級ごとにレーダーチャートの形状は大きく
異なる。例えば，元気がよくて「目標をやりとげる力」が高くても学級

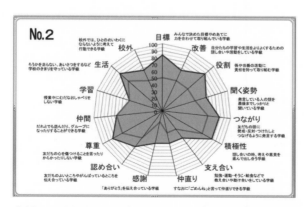

資料3　学級力レーダーチャートの例（小学校高学年版）

の決まりを守れないクラスがある。また，全体的に丸くふっくらとした形状になるクラスもあれば，凸凹が大きいクラスもある。「授業中にむだなおしゃべりをしない（学習）」という項目の達成率が低いクラスでは，

資料4　学級力を高めるスマイル・アクションの実施時間別分類

朝の会・帰りの会			○明日の学級力向上のめあてを決める。 ○今日の学級力向上MVPさんを発表してほめ合う。 ○今日のめあてを達成できたかどうかを振り返る。 ○今日のめあてを達成できた日には，マークやシールで記録を付ける。 ○今日の学級力向上のめあてを復唱する。 ○学級力向上のテーマソングを歌う。
朝自習・昼読書			○学級力の観点に関わる本を読む。
教科	国語科		○学級力レーダーチャートの結果を組み入れた説明文を書いて話し合う。 ○学級力向上プロジェクトの活動報告書を書いて話し合う。 ○学級力向上の提案書を書いて話し合う。 ○学級会を開いて，学級力向上の取り組みについて合意形成を図る。 ○学級力新聞を書いて話し合う。 ○学級力の向上と自己成長を関わらせた随筆を書いて話し合う。
	算数・数学科		○棒グラフを使って，学級力アンケートの結果の読み取りをする。 ○折れ線グラフを使って，学級力アンケートの結果の読み取りをする。 ○学級力レーダーチャートを組み入れた新聞を作成する。
	音楽		○学級力の観点に沿ったクラスソングやテーマソングを作る。
	図工科・美術科		○学級力の観点をキーワードにした学級旗や学級エンブレムを作る。
	外国語活動・英語科		○学級力向上をテーマにしたスピーチをする。
道徳			○友だち，友情，学級の団結，いじめやけんかをテーマに話し合う。 ○話し合いの結果をビッグ・カルタにして掲示する。
特別活動（委員会活動）			○スマイルタイムを実施する。 ○学級力向上につながるお楽しみ会や学級イベントを行う。 ○行事ごとに学級力向上のめあてを決めて，その成果を振り返る。 ○委員会活動で学級力係を決め，児童生徒主体で取り組みを推進する。 ○係活動や当番の成果と課題について話し合う。 ○学級力はがき新聞を書いて掲示する。
総合的な学習の時間			○学級力アンケートの結果を用いて統計グラフ・コンクールに応募する。 ○多様なワークショップを体験して，集団の成長について話し合う。 ○小集団でプロジェクトを実施し，その成果について話し合う。 ○成長発表会や評価セッションを設定して，学級力の成長を振り返る。 ○校外での活動についてねらいを定め，活動の振り返りをする。 ○学級力壁新聞を書いて，発表会を行う。
給食・清掃			○学級力向上の成果を祝し，牛乳で乾杯する。 ○もくもく清掃に取り組み，協力の大切さを実感させる。

「人の心を傷つけることをしない（尊重）」や「人の話を最後までしっかりと聞く（聞く姿勢）」という項目も関連して低くなる傾向がある。凸凹が極端に大きなクラスや全体的に小さな形をしているクラスは，学級内に人間関係上のトラブルを抱えていることが多い。

　当然，それぞれの学級に効果的な学級経営の取り組みは異なる。

　そこでこの学級力レーダーチャートを拡大印刷し，それを黒板に貼って特別活動の時間や総合的な学習の時間を用いて，子どもたちと共に自分たちのクラスの学級力の診断や改善のあり方について定期的な話し合い（スマイルタイムと呼んでいる）をしていく。できれば，学期に２回はスマイルタイムを実施して，学級力向上の取り組みの成果を子どもたちに実感させるとともに，子どもたちによるさらなる取り組み（スマイル・アクションと呼んでいる：資料４参照）の立案と実践につなげてほしい。

　こうして子どもたちと学級担任が，学級力という共通指標に基づいた学級力向上プロジェクトを通して新しい学級づくりに取り組んでいけるのである。

　全国の多くの学級で，学級担任の先生方と子どもたちが，「主体的・対話的で深い学び」としての学級づくり，つまり学級力向上プロジェクトを実施していただくことを願っている。

参考文献

1　田中博之（編著）『学級力向上プロジェクト』金子書房，2013
2　田中博之（編著）『学級力向上プロジェクト２』金子書房，2014
3　田中博之（編著）『学級力向上プロジェクト３』金子書房，2016
4　田中博之（編著）『若手教員の学級マネジメント力が伸びる！』金子書房，2018
5　タルコット・パーソンズ（著），倉田和四生（編訳）『社会システムの構造と変化』創文社，1984
6　三隅二不二『リーダーシップの科学　指導力の科学的診断法』講談社，1986

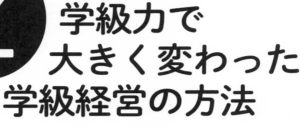

2 学級力で大きく変わった学級経営の方法

いじめ，クラスになじめない子をなくす学級づくりを！

今宮信吾

はじめに

　文部科学省の調査によると，いじめや不登校の認知件数は，年々増加傾向にある。特に小学校においてはそのことが顕著である。認知件数が増えたことが，即，学校現場に問題が広がっているとはとらえられないが，子どもたちに対する心配事が生じているということは明らかである。いじめ，不登校，孤立，ストレス増加，自尊感情の低下などにみられる問題を解決するためには，学校が集団としての価値あるものであるという再評価が必要である。個人と集団が響き合い，高め合うために学級力を育む必要性を感じている。学級づくりとして教師が取り組んでいる営みを児童生徒が主体的，積極的に取り組むこととして転換させていきたい。そんな新しい方向性を提案しようとしている。

1 学級づくりの新しい方向性

（1）学級力と学級経営

　「学級経営」ということばの響きには，効率的に無駄なく，学級としての集団を運営していくというものを感じる。経営するのは誰かというと，教師である。しかし，経験を積んだ教師にはそれがどれだけ強引で，

味気ないものかということはわかっている。効率を求めたり，無駄を省こうとしたりすればするほど，ルールとしての要件が増え，最初は五箇条であったものが十箇条を超えてしまうという虚しさを経験している。条文が多くなればなるほど，子どもたちも教師も覚えきれず，結局教室に張り出し，それが絵に描いた餅になる。

　自治的な集団をめざすためには，できるだけ，単純で，明確なルールをその都度解決しながら前に進むのがよいと思う。そのことが学級力向上プロジェクトにはある。

　学級経営と学級力ということばから受けとるイメージを比較してみよう。明らかに伝える響きが違う。

	学級力による学級づくり	教師主導による学級経営
意思決定と学級評価	子どもたちが中心	教師が中心
教師の位置	学級の一員として（実践者）	学級のリーダーとして（決定者）
効率性	試行錯誤的・協働的	学級担任の経験と教育観に基づく
計画性	学級力アンケートやスマイルタイムを定期的に実施	問題行動などへの場面対応中心
評価指標	学級力アンケートに組み入れて子どもに可視化する	教師の経験と教育観に基づく
児童生徒理解	子どもたちによる相互理解	教師による理解
保護者理解	子どもの姿を通して	教師の立ち居振る舞いを通して
情報発信	児童主体	教師主体

（2）学級経営の鉄則

　学級担任にとって「黄金の3日間」という鉄則がある。それは子どもたちとの出会いからの3日間で子どもの名前と顔が一致するかなどがその例である。なぜはじめの3日間が大切なのかというと，児童生徒を理解することの第一歩として，顔と名前を一致させて人格を尊重するとい

う教師の姿勢が試されるといわれているからである。そのために，個人写真を撮ってそれをノートに貼るなどして覚える努力をするのである。その上，学校目標，学年目標から構想した学級経営案を作成することもある。教師として学級をきちんと経営することが求められている。確かに，教師としての願いをしっかりともつことは必要である。しかし，それが明確でありすぎたり，硬直化したりしていると，目の前の子どもたちの本当の姿が見えなくなる。そして，その学級経営案から外れてしまう子どもや集団の動きを否定しがちになる。かつて「学級王国」といわれて批判されたことも含めて，教師の独りよがりな対応を防ぎたい。

　そのために学級力の向上を学級づくりの中心にすえて，学級担任と子どもたちが協働して，学級のあり方や学級の目標を柔軟かつ継続的にとらえられるような取り組みが求められる。

（3）新しい資質・能力としての学級力

　文部科学省も教育委員会も，確かな学力を身につけさせることについては，相当な関心事であるように思う。21世紀型学力という言い方で，SDGsやコンピテンシーなどというようにかつての３R'S（読み書き算盤）だけを学力とはとらえないようになっている。しかし，まだまだ知識の量やリテラシーなど，見える学力に注目がいっていると思う。これからの社会を生きる資質・能力として学級力をとらえられないかと願う。それは，人と人とが支え合って生きるという共生社会の実現でもある。いじめや集団になじめない子どもたちへの合理的配慮を行う取り組みは，進んでいると思う。その際に，学級力を中心的な資質・能力としてとらえられたら，疎外感をもつ子どもたちを少なくできるのではないだろうか。全国学力・学習状況調査の結果のみを学力低下の原因に求めることのないような学校教育をこれから生み出していきたい。それはこの学級力向上プロジェクトがめざす個人と集団の響き合いによる授業づくりと関係するのではないだろうか。１つの調査結果のみを指標として，子どもたちの学力実態をとらえることだけではない教育を展開していきたいと考える。

😀 2 子どもが主役とは

（1）子どもを信じること

　授業研究会の授業者を決めるときに，こんな声を聞くことがある。

　「うちの学級は授業研究どころではない。それよりも学級経営をしっかりして，土台を固めないと授業公開できない」

　本当にそうだろうか。授業を子どもたちが主体的にすすめられるように準備することが，これからの子ども主体の学級づくりにつながるのではないだろうか。その逆に，教科指導の中に学級づくりのチャンスを見つけて，子どもたちに自分たちの学習や学級を改善しようとする意識を育てることも大切である。

　できるだけ子どもたちに失敗をさせたくないと願うことは，教師として，あるいは大人として必要なことなのかもしれない。しかし，少子化が進み，子どもの数が少なくなるにつれて，いい意味で放任されていない，あるいは余裕のない子どもたちが増えているように思う。大人が失敗を恐れるあまり，子どもたちも失敗を恐れてしまっている。自分の力で何かに挑戦しようという子どもたちを育てるためにも，子どもを信じて学級力向上プロジェクトにおいて子ども主体で試行錯誤させ，失敗から学び，失敗を喜べるようにしたいものである。

　私が小学校の担任をしていたときに心がけていたことがある。それは，一人ひとりの子どもたちを大事にするということは，その子その子に合った要求に応えていくことだということである。教育に携わっている方以外からよく尋ねられることがある。

　「先生方ってすごいですね。40人近くの子どもたちがわかるように話すって至難の技じゃないですか」

　この問いかけには，「40人に話しかけることはないです。このことは，あの子には絶対わかってもらおう。一人ひとりの心に響かせようと考えています」と伝えている。若いころ，教師として一番大事なことは，子どもをえこひいきしないことだと教えられた。確かに子どもたちが不公

平に思うような対応はよくないと思う。しかし，一人ひとりに応じたえこひいきは大切だと思う。誰かと比較して優劣を伝えるのではなく，一人ひとりの特性に応じて対応することである。平等と公平を取りちがえないようにしたい。

（2）一人ひとりのアセスメント

　この本では，今まで取り組んできた学級力の「アンケート」「レーダーチャート」に加えて「学級力プロット図」を活用した実践を提示している。これは学級をより多面的・多角的に観る窓を増やしたととらえることができる。

　アンケートから読み取れる集団の傾向はレーダーチャートで，そして集団に寄せる個々人の思いは学級力プロット図でというように，学級を違う角度から観られるようになっている。「学級で決めたことだから自分は我慢しよう」「学級のみんながこのように思っているから自分も同じように考えよう」というような同調圧力が生じないように気をつけて学級力向上プロジェクトに取り組むためにも必要なことである。

＜私が考える平等と公平＞

平等……給食のときに，一人ひとり全く同じようにグラムを測って
　　配膳すること。

公平……給食のときに，その子の食べられる量や食の課題に合わせ
　　て配膳すること。

　昨今，特別支援に関わる合理的配慮の必要性が述べられている。何を特別ととらえるのか，そのことは，議論の余地がある。子どもに対する配慮は，特別であるかどうかにかかわらず，1対1で個別に考えていくべきことである。今までの学級力向上プロジェクトでも大事にされていたが，学級力プロット図を提示したことによって，より明確になったことと思う。子どもたち一人ひとりの特性を考慮した対応が求められている。集団と個の関わりとして大切にしたいことである。

（3）教師の願いを正しく伝える

　学級力の取り組みを伝える中で，次のような質問をよく受ける。

　「子どもたちを主体的に，自律（自立）的にさせるためにとても素晴らしいプロジェクトだと思います。しかし，教師が思うような方向に子どもたちのアクションが進まないときに，教師の願いはどのように伝えればいいのでしょうか」

　子どもを信じることと通じることではあるが，教師の願いはどんどん伝えていけばいいだろう。その上で，子どもたちと悩み，苦しみ，深く考えながら一緒に進んでほしい。「みんなが思う学級とはどんなものなの？」「このクラスをどうしたいと思う？」など子どもたちと相談しながら進んでほしいものである。本当にいい学級を創るということはそう簡単ではないということを伝えていいだろう。私たちの学級をよりよい学級にするためには，みんなが思いや願いをもつこと，そしてこんな方法でその実現のためにみんなで取り組んでいくことが大切だということを子どもたちに遠慮なく伝える。子どもと一緒に楽しみながら，苦しむことも必要である。

　子どもたちの一人ひとりの願いが学級の願いになり，それが教師の願いとも一致することが理想的である。そのための擦り合わせの時間こそが，学級力向上プロジェクトの醍醐味である。また，教師の願いを伝えたときの子どもたちの反応によって，教師の子どもたちとの関係性も浮かび上がるはずである。強制力の強い教師に対して，子どもたちは従うだろう。放任すぎる教師には，混乱という形で反応するだろう。教師を本当に信頼しているのであれば，自然な形で擦り合わせが起こり，後々のアクションでもその結果が見られるだろう。ここにも学級の鏡としての働きがある。

3 学級力を支える教師の働き

（1）教師の足元を見つめ直しながら

　子どもたちと教師のよい関係を創るためにチェックリストを作成してみた。これを基にしてそれぞれの先生方がカスタマイズしてほしい。

＜教師のための振り返りチェック表＞

□企画力	提案，計画など，企画をする方法を示す。 学級力向上プロジェクトの意義や方法について子どもたちに提案し，年間の取り組みの見通しを子どもたちと共に考える。
□発言力	話し合いを促進するための発問，発話をする。 スマイルタイムの流れを子どもたちに示して，司会の子の原稿を準備したり，話し合いでの発言の仕方の見本を具体的に示したりする。
□行動力	率先して行動し，手本・見本として示す。 学年教師への共同参画，学級力向上プロジェクトの掲示コーナーの設置，アンケートの印刷，レーダーチャートの拡大印刷など。
□解釈力	子どもたちの発言や活動の意味づけをする。 スマイルタイムでの子どもたちの発言をほめたり，学級力MVPに選ばれた子に拍手を送ったり，学級力プロット図を深く読み取って個に応じた指導に生かすなど子どもたちのモチベーションを高める。
□前進力	ポジティブ，明朗快活に子どもと接する。 学級力向上プロジェクトの次の取り組みをつくるよう促したり，次の学年への見通しをもたせたりする。
□関係把握力	俯瞰的に子どもたちの関係を把握する。 子どもたちの生活背景も含めて，どのような関係ができているのかをみとる。
□関係調整力	子どもたちの活動のために人と交渉する。 外部人材の活用や保護者との連携，学校や学年行事の調整など，縁の下で支える。
□伝達力	教師の願いを子どもたちに協調的に伝える。 「先生はこう思う」「これがいいと思う」などの断定的な伝え方ではなく，一緒に相談するという姿勢で伝える。
□修正力	子どもたちの実態，実際に合わせて活動を修正する。 学年発達に配慮すること，人権的な問題に配慮すること，配慮を要する児童に対する寄り添い方を示す。
□応援力	一緒に取り組むために子どもたちを見守る。 教師としての価値観からズレているように見えたり，失敗が見えているような場合でも，いったんは見守る。

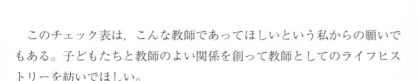

このチェック表は，こんな教師であってほしいという私からの願いでもある。子どもたちと教師のよい関係を創って教師としてのライフヒストリーを紡いでほしい。

チェック表を作成してみようと思ったのは，研究会で提案される実践に大きく2つの違いが見られたからである。レーダーチャートの読み取り方で教師の願い・姿勢がわかる。まず，一番低いところ，短所に目を向けてそれを解決するところから取り組まれる先生，一番高いところ，長所に目を向けて取り組まれる先生，どちらにも特徴があり，それぞれの先生のアプローチの仕方の違いであるが，学級という集団は，教師が存在することで成り立つので，その働きについては常に柔軟に修正しながら取り組んでほしい。

（2）学級を外へ開く

学級が閉じた空間になることがある。それは教師の情報収集の元が子どもたちの噂話に偏っていたり，一面的な情報であったりする場合である。子どもたちそれぞれの都合で発信された情報を鵜呑みにして学級づくりに生かそうとすると，閉塞的な集団になる。学級を正しく観られない状況になる。その結果，保護者の信頼を得ることが難しくなることがある。学級力をより円滑に進めるためには，保護者も参画することが必要となる。そこで，最初の学級懇談会で，レーダーチャートを保護者にも見せて，同じ目標をもって進んでいきたいと伝えることをお勧めする。

そうすることによって，保護者の心の中には，「今年の担任の先生はちょっと違う。本当のことをきちんと伝えようとしてくれるんじゃないか」という信頼が生まれる。しかしながら，レーダーチャートを公開することにはちょっとした勇気がいる。「今までの担任を否定することにならないだろうか」「レーダーチャートが小さくて，今年のクラスは大丈夫かと心配をされないだろうか」「自分の能力のなさを示すことにならないだろうか」などなど思い浮かんでくるだろう。しかし，保護者をもっと信頼すべきではないだろうか。協働実践者，理解者として保護者への伝達の意味を考えたい。自分の子どもたちのために一生懸命協力してくれ

るはずである。ともすると保護者は，自分の子どもの利益を優先するだけに終わることがある。しかし，「学級という集団の中でわが子を育てることが大切です」と投げかけることで，自分の子どもだけでなくクラスの子どもたちみんなで歩んでいこうということを意識してくれるのではないだろうか。

　情報発信の方法としては，学級経営の定番としての学級通信・学年通信がある。学級力向上プロジェクトを実践している多くの学級が取り組んでいる「はがき新聞」も便利なツールである。その他，日記や作文，詩を書かせて学級の情報を積極的に発信していくことをお勧めする。学級担任一人で苦労する必要はない。

😐 4 学級力向上プロジェクトの計画

　「学級力向上プロジェクトは，どの時間に実施されるのでしょうか」という質問を多くいただく。定期的な時間でいうと，特別活動の時間ということになるだろうが，実際にはそれだけでは済まない。子どもたちの常時活動が中心になり，緊急性が求められることもある。そこで，カリキュラム・マネジメントが必要となる。

（1）教科等横断的なカリキュラム

　文部科学省は，カリキュラム・マネジメントの視点として次の3つのことを示している。

---

1. 各教科等の教育内容を相互の関係で捉え，学校の教育目標を踏まえた教科横断的な視点で，その目標の達成に必要な教育の内容を組織的に配列していくこと。
2. 教育内容の質の向上に向けて，子供たちの姿や地域の現状等に関する調査や各種データ等に基づき，教育課程を編成し，実施し，評価して改善を図る一連のPDCAサイクルを確立すること。
3. 教育内容と，教育活動に必要な人的・物的資源等を，地域等の外

> 部の資源も含めて活用しながら効果的に組み合わせること。

文部科学省　教育課程企画特別部会　論点整理（平成27年）

　ここでは，各教科の配列，PDCAサイクル，外部資源の活用について述べている。教科等横断的ということについては，クロスカリキュラム，統合的カリキュラムなど実施方法はさまざまにあるが，実践的には，学校の実態に合わせて，学級力を実施する場面を計画すればいいと思う。参考までに各教科で実施する学級力向上プロジェクトについて表にまとめてみる。

教科・領域など	学級力向上プロジェクトの視点
学級活動	アンケートの実施，レーダーチャートの読み取り，スマイル・アクションの計画，振り返り
道徳科	個人と集団の在り方についての議論「善悪の判断，自律，自由と責任」，「正直，誠実」など
国語科	話し合い活動の方法，表現活動の方法，個人と集団に関わる文章の読み方，学級力向上を訴える意見文や学級力レーダーチャートを読み取った説明文の創作
社会科	フィールドワークに出かけるときの話し合い，活動を終えた後の話し合い，新聞作りの計画
総合的な学習の時間	課題に対してのプロジェクト活動，情報活用能力の育成SDGsを中心とした課題解決型の学習
音楽科	集団を盛り上げる方法（学級歌の創作など）
図工科・美術科	集団に向けて発信する方法（学級力向上ポスター，キャラクター作成など）
体育科	集団で行う活動（運動大会，集団演技，ゲーム活動など）

　ここに示していない教科でできないとは思わないが，特徴的な要素のみを表にした。学校の実態に応じてカスタマイズしてほしい。

（2）学年，学校全体での取り組み

　学級力向上プロジェクトは，できれば学年同一歩調で取り組むことが望ましい。それは，比較対象があることや学級ごとの違いがあることを共有しながら取り組む方がより豊かで確かなものになるからである。そして，できれば学校全体での取り組みを願う。学年が上がるにつれて発

達や系統性を意識しながら取り組むことができるからである。本書でも，小学校低学年から中学校までの実践を紹介している。学年力は，それぞれのもつ学級のイメージを束ね，より高めるという意味においても今後展開していきたいことである。「去年はここまでできたけれど」「去年はこのことができなかったから」という学年初めの話し合いがもたれる学校が増えることを期待する。実践から見えた学年ごとの実態をキーワードして表にしてみた。

学年	キーワード
低学年	学級・学校との出会い，友だちとの関わり
中学年	学級集団としての意識，友だちとのつながり
高学年	学級・学年集団としての意識，友だちとの高め合い
中学校	個人のキャリアとしての意識，集団での創作活動

おわりに

　「学校は楽しい場所，学校生活が楽しい」と話す１年生，「私は４年○組のクラスにいる自分が好き」と書いた子，「先生，今もあのビー玉大事にとってるよ」とつぶやく子，こんな子どもたちが増えてほしい。一年間，いろんなことがあったとしても，「最後は絶対プラス１」というポジティブな姿勢で過ごしてほしいと思う。それが未来を生き抜く子どもたちに身につけてほしいことだからである。

　本書のテーマである，いじめやクラスになじめない子は，人間関係における力のバランスが崩れることによって生じると思う。固定した力関係をつくらないようにするために，学級力向上プロジェクトがある。

　「課題を一緒に考える」「話し合いの方法を考える」「学校のよさを考える」など，対話すべき内容はたくさんある。困っている子，支援が必要な子を見逃さずクラスみんなで支えるための対話を今後も生み出していきたい。そのための新しい集団づくりの手引書として本書が読み継がれることを願う。この稿の締めくくりに，プロジェクトの過程ごとに，教

育を医学に喩えて，疎外感を生まないための留意点を述べる。

R　学級に疎外感を感じている子どもがいないかを教師と子どもたちが自覚するための問診票として学級力アンケートを行う。

P　疎外感を感じている子を教師が明確にとらえるために診断表として学級力レーダーチャートと学級力プロット図を読み取る。その診断表を基にして，処方箋としてのスマイル・アクションを考える。

D　診断表，処方箋に照らしながら，経過観察としてスマイル・アクションを見守り，適宜修正を加えていく。

C　スマイル・アクションを振り返り，診断表を基にして個人と集団の関わり具合を考察する。

A　新たな診断表を基にして，再度，処方箋を組み立て，新たなスマイル・アクションを考える。

R-PDCAサイクルに基づいて学級力向上プロジェクトが展開されるのは，このように診断と改善を繰り返しながら進んでいくからではないだろうか。本書では，その改善の方向性を「いじめ，集団になじめない子」というように個人と集団の関係の中で生じる問題点としてとらえた。集団の中に埋もれて見えなくなりがちな子どもが存在する可能性があることは，避けることはできない。それを発見，診断，改善しながら学級としてのよりよい方向に導くことが，これからの学級づくりに必要であり，各実践に現れる支持的風土の醸成と結びつくのではないだろうか。今後のより実践的な蓄積を期待したい。

文献

文部科学省初等中等教育局児童生徒課「平成30年度 児童生徒の問題行動・不登校等生徒指導上の諸課題に関する調査結果について」2019

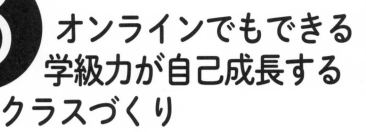

3 オンラインでもできる 学級力が自己成長する クラスづくり

磯部征尊
伊藤大輔

はじめに

　2020年は，新型コロナウイルス感染症の影響でオンラインでの授業や学級づくりが喫緊の課題となった。今後も，このような事態が起こりうる。そのような状況だからこそできることは何かとプラス思考で考え，実践していくことが重要である。

　今回紹介する新潟大学附属長岡中学校（実践者：保坂恵教諭）では，生徒と教師，そして生徒と生徒同士がつながることをめざして，全校体制でオンラインを活用した学習活動をすすめている。同時に，オンライン型学級力向上プロジェクトについても試行している。4月から臨時休校や分散登校，学校が再開した後も学年や全校で集まれないなど，例年にはない制限下での学校生活が続く中，オンラインを活用した学習活動や学級力向上プロジェクトをすすめた。夏休み前に行った生徒向けアンケートのうち，「オンラインサポート学習やZoom，Google Classroomを使った学習や活動を通して，課題や事象に対しての理解が深まり，自身が成長できると思う」の肯定的な評価は，81.5%であった。生徒たちから圧倒的な評価を得たオンラインを用いた取り組みの具体を紹介したい。

⚫1 一人ひとりを自律的な学習者に育てるポイント

（1）自己成長できる学級・学年・学校とは何か

　実践者の保坂教諭は，これまで，生徒たちが自律的かつ，能動的に学級の一員として学級力向上プロジェクトに取り組むことができるように学級担任としての働きかけを考えてきた。コロナ禍の未曾有の事態において，保坂教諭らが最も大事にしようと心がけた点は，「これまでとは違う状況下にあっても，自分の考えや思いを表現する機会を生み出し，日常的に充実させること」であった。保坂教諭は，学級力向上プロジェクトを推進してきた中で，生徒たち同士が級友のよいところを発見したり，話し合ったりすることができるようになって，さまざまな人間関係を築いていくことができるようになることや，自分自身を振り返りつつ，自分の姿を客観的に見つめることができるようになることを実感していた。また，このような積み重ねが，学級への安心感や，所属感を醸成し，自分という存在を臆することなく表現できるようになっていくことを実感していた。

　こうした背景とコロナ禍のもと，これまですすめてきた学級力向上プロジェクトのように，自らの考えや思いを表現できたり，交流できたりする場の創出をめざしたものがオンライン型学級力向上プロジェクトである。

　具体的には，毎日の朝の会と帰りの会の時間帯は，非同期型（自分の好きな時間に視聴する）で挨拶や何気ない会話，1日がんばるめあて（振り返り）を発信し合う。また，1日のうち，1時間は同期型（同時にみんなで視聴する）での「学級集団づくり」の時間を設定する。その時間では，生徒たちの声を生かしながら，生徒たちと教員が共に活動を計画し，お互いの意見を共有したり，オンライン上でも実施可能な企画（Zoom も含む）を実施したりする。生徒たちの学級づくりを保障する環境づくりは，学級や学年，そして学校全体として，さらには子ども一人

ひとりの望ましい成長にとって，非常に価値あるものである。

（2）さまざまなツールをどのように活用するか

　オンライン型学級力向上プロジェクトや，オンライン学習など，ICTを活用した方法には，「①Zoomなどを用いたリアルタイムによる双方向型の遠隔授業」「②音声付きパワーポイントまたは，録画した動画を配付するオンデマンド型授業」「③Webページ上にプログラムされた学習内容を自分のペースですすめる授業」がある。

　今回紹介する実践例は，生徒一人ひとりのコンピュータ所有が実現されているようなICT先進校での環境下における実践ではなく，また，先述の3つのツールをコロナ禍以前から積極的に活用していたという環境でもない現状下で，保坂教諭をはじめとした各教員が，今生徒たちと一緒にできることは何か，生徒たちの成長のために何かできないかと，臨時休校の要請以降に研修しながら考えた内容である。その結果，各学級または，学校全体で，生徒たちの考えや思いを表現できる環境づくりの最適な方法として，Google Classroom（Meetを含む）やZoomを活用した学級づくり（①双方向型の遠隔授業）を導入した。

　Google Classroomは，以下の手順に従って，環境の準備をすすめる。

①　G Suite for Education サイト(https://edu.google.com/intl/ja/products/gsuite-for-education/?modal_active=none)*から学校ドメインでG Suite for Educationアカウントを設定する。

　　　　　　　　　　　　　　　　　　　　　　＊URLは2021年2月現在

②　設定したアカウントで管理者としてログインし，生徒一人ひとりのアカウント（所属するクラスなどの情報も含む）を登録する。

③　Google Classroomでクラスを作成する。

④　生徒が割りあてられたアカウントでログインし，指定されたクラスに参加する。

2 オンライン型
学級力向上プロジェクトを
すすめるためのポイント

（1）学級のよいところは何か〜Google Classroomを用いた実践〜

　Google Classroomを用いた学級力向上プロジェクトをすすめる上でのポイントは，以下の3点である。

【効率的なResearch・Plan】

　生徒たちの声を生かしながら，生徒たちと教員が共に活動を計画し，ストリーム[注1]で発言を共有する。

【有効的なDo】

　ストリームの書き込みを生かして作成したフォーム[注2]に基づき，さらなる生徒同士の意見交流を促す。

【効果的なCheck・Action】

　意見交流後，いっそうの話し合いが必要な意見を取り出し，自分の考えをフォームに記述させ，提出させる。教員は，集約した意見を生徒に提示し，さらに生徒からの意見や考えを求める。

　注1　ストリーム（図1，2）とは，立ち上げたクラスで共有することができる掲示板の役割を果たすところである。クラスに所属する生徒や教員は，書き込んだ内容を相互に見ることができる。

　注2　フォーム（図3）とは，Googleが提供しているサービスの一種である。選択肢で回答したり，記述して回答したりするなど，さまざまな目的に応じて作成する自由度が高い。また，手間をかけずにリアルタイムで集計も行える魅力がある。

　これら3点を大切にすることで，オンライン最大のメリットであるリアルタイムにおけるお互いの意見共有と，実効性のある計画をスムーズに立てることができる。また，実行した結果をリアルタイムで振り返りつつ，次の計画・実践をすすめる，という深化を図ることが可能となる。

本稿で紹介する実践は，新型コロナウイルス感染症への罹患を防ぐために，全生徒が一堂に会することが実現しないような時期の中，教員間で学習課題の配付について考えたり，学級の活動を進めていく上で重要な学級目標について話し合ったりしていたタイミングであったころの実践である。

①【効率的な Research・Plan】ストリームの投稿機能で生徒の意見を集め，集約した意見を基に，スマイル・アクションを考える。

Google Classroom の使い方の定着も兼ねて，ストリームに生徒たち自身からの投稿を促した。まずは，学級ごとに，Google Classroom 上に「クラス」を立ち上げ，オンライン上での意見を交わせることが可能であることを伝えた。次に，図1に示すように，アイスブレイク的な要素も含めたウォーミングアップとして，「私たちの中学校のよいところ」をテーマに，ストリームへ投稿させた。

その後，「私たちの学級のよいところ」をストリームに投稿させた。主たる意図は，臨時休校や分散登校中において，生徒が学級に対してどのようなことを感じていたのかを知

図1　投稿された意見（一部）

図2　「私たちの学級のよいところ」に対する意見を投稿している様子

ることと，生徒たちの今後の学級に望むニーズを理解するためであった。なかには，積極的に投稿する生徒の様子も見られ，短時間のうちに，在籍生徒全員から意見を集めることができた。

生徒たちは，自らの意見を図2に示すように投稿した。生徒たち全員が会う時間が少なくなり，例年とは違う環境で学級がスタートしても，自分たちの学級のよさを認識し，自分の思いを表現できていた。

生徒たちが発する前向きな声を集め，それを生かすことができる素地があることをGoogle Classroom上で確認できた点は，学級力向上プロジェクトをすすめる上で大きな価値がある。

②【有効的なDo】ストリームの書き込みを生かして作成したフォームに基づき，さらなる生徒同士の意見交流を促す。

オンライン上で学級に対する意見を述べることができることを確認し，生徒の現状を把握した。そこで，ストリームに各自が投稿した内容を基に，学級力向上プロジェクトを始めるために，学級力の6領域に合わせた選択式フォームを作成した（図3）。

フォームの作成は事前の用意も可能であるが，生徒の様子も見ながらその場で質問項目を設定することもできる。つまり，ストリームの投稿と並行して行うことも可能である。また，フォームでの入力は，生徒の声を集めるために短文の入力を求めた。これは，名前と書き込んだ内容が画面上ですぐにわかるストリームとは異なり，書き込んだ内容をフォーム作成者が一覧表示をした際や，CSV形式で出力する際に有効だからである。

生徒たちは，自らの思いを

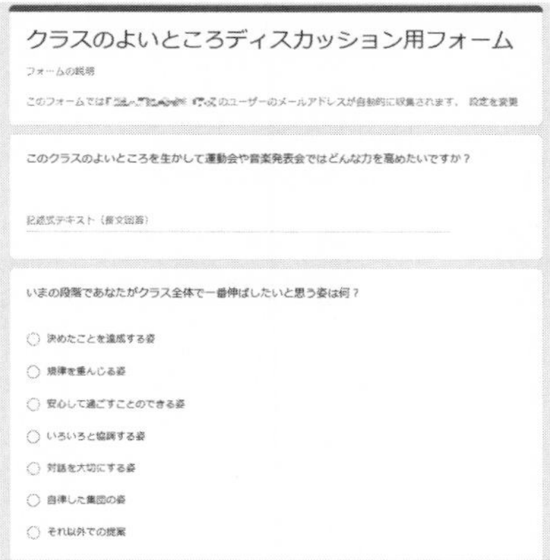

図3 ストリームの書き込みを生かして作成したフォーム

フォームへの入力を通してお互いのよいところを認め合う声かけやコミュニケーションを心がける姿へとつながった。

③【効果的なCheck・Action】生徒の意見をグラフなどで視覚的に示し，意見の把握と自己の振り返りにつなげ，個々の考えをフォームに再度記述させる。

作成したフォームは，自分の考えに近い意見を生徒に選択させる質問を作成し，適宜回答させることで，即座にグラフ化して視覚的に意識しやすい資料として生徒に返すことができる（図4）。

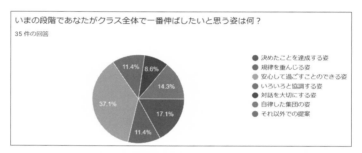

図4　フォームの回答結果からリアルタイムで集計・整理されたグラフ例

入力されたデータおよび，生徒自身の意向を反映させたグラフなどのように，生徒たちからの声を即座に一覧やグラフにして「見える化」を図り，学級全体の意見を確認することが，オンラインで意見集約する際の強みである。生徒から得た回答結果は，即座にその場で他者の意見を確認させた。生徒たちは，今後どのような行動をすすめていくとよいのかを見直していた。

このように，①生徒同士がグラフから読み取れることを生かし，今後の改善点（スマイル・アクション例）をストリームで協議する，②教師がフォームをつくって再度記述させ，学級の意見としての合意形成を即座に図る。これらの点は，オンラインを活用する大きなメリットであり，効果的なCheck・Actionといえるだろう。

（2）本実践の特徴と魅力

　教師側が，どの段階で，どのようにオンラインツールを効果的に使うかを意識するのかがポイントである。今回の事例でいえば，【効率的なResearch・Plan】【有効的なDo】の段階では，生徒の考えをGoogle Classroomのストリームへ投稿させたり，MeetやZoomなどのビデオ会議システムを使用して生徒とオンラインで話したりすることが考えられる。【効果的なCheck・Action】の段階では，Google Classroom上で生徒たちがフォームに記述した内容をリアルタイムで集計してグラフなどで提示する機能，Zoomの画面共有，ブレイクアウトセッションなどの機能を活用することが考えられる。また，Google Classroomのストリームへの投稿については，テーマによっては投稿の主体を教師だけに限定せずに，生徒からも投稿できるように設定しておくことも可能である。課題の提出については，個々に割り当てられたファイルへ記入し，提出という方法が考えられよう。

　このようにツールをどのように活用するかを教師が柔軟に考え，対応していくことで，オンラインツールならではのメリットを最大限生かした学級力向上プロジェクトの取り組みになると考える。

3 オンラインでできる学級力を高める事例紹介

　オンラインでできる学級力向上プロジェクトの事例としてZoomを使った実践を紹介する。保坂教諭の中学校で，学年集会や全校集会がで

図5　進行の様子　　　　　図6　各学級の応答の様子

きない状態が続いていたとき，生徒会の役員が「登校はできていてもコロナ禍で全校生徒が一堂には集まれない。そんな中でも全校レクをして全校で盛り上がりたい。団結力を高めたい。Zoomを使って，そんな企画はできないだろうか？」と提案し，実現した企画である。

　9月に行われる運動会の赤軍・白軍の抽選を行い，両軍の生徒が協力して1つの答えを出し，団長の考えた答えと合致させようというレクリエーションである。進行はすべて生徒会役員の生徒がホストとして運営し（図5），各学級では赤軍・白軍で答えを考え，それを画面上に示し（図6），団長が答えたものと同じか否かを判定した。

　最後には，画面越しに赤軍・白軍の応援団長からのメッセージ，そして生徒会役員からレクリエーションの成功に対しての感謝の言葉を全校生徒に伝え，学校全体が大きな拍手に包まれた。本実践は，オンライン上での各学級の団結力を高めた企画といえる。

4 生徒が語るオンライン学習の魅力とは

　冒頭で紹介したアンケートによると，オンラインで友人・先輩・後輩と関わることに「メリットがある」とする回答は1年生78%，2年生75%，3年生78%と約8割であった。代表的な生徒の記述の理由に注目してみたい。

- オンラインを通じてでもこの状況下で話し合いができるということはとても大事なことだと思ったから。
- 別学年同士で交流する事が出来るから。
- コロナ禍だから行事をやらなくてよいというわけではないし，制限がある中でも全校で生徒会活動を共有できると思ったから。
- クラスメイトなどの顔をリモートで見れたりすると少し明るい気持ちになれるから。

　異学年を含めた他者との交流が可能になることに加え，精神面での安

定やモチベーションの向上，生徒会活動の実現などに，オンラインによ
る学習活動の意義を見出していた。特に，学校行事や生徒会活動の実現
に意義を見出していた点への変化が大きく，実践の効果といえよう。

·····5 オンライン型学級力向上プロジェクトへのステップアップ

　今回紹介した中学校実践を踏まえ，効果的なオンライン型学級力向上
プロジェクト（小学校編）をすすめるステップを紹介する。

ステップ１ （非同期）	Google Classroom上にて，先生と児童同士が会話や挨拶などを気軽に実施する。
ステップ２ （同期）	朝の会や帰りの会のように，決まった時間に「クラス」に入り，「毎朝の検温」「今の気分」「今日のめあて（振り返り）」など，自己点検を行う。
ステップ３ （非同期）	学級意見箱のフォルダをつくり，学級の雰囲気や状況など，気づいたことを投稿する（Research）。また，定期的に学級力アンケートを実施する。
ステップ４ （同期）	「学級集団づくり」の時間を設定し，児童たちの声を生かしながら，児童たちと教員が共に活動を計画し，ストリームで発言を共有したり，オンライン上でも実施可能な企画（Zoomも含む）を実施したりする（Plan・Do）。
ステップ５ （同期）	児童の意見をグラフなどで視覚的に示し，意見の把握と自己の振り返りを行う。また，個々の考えをフォームに再度記述させ，一斉・グループごとを組み合わせた話し合いや活動を展開する（Check・Action）。

　ここでは，同期型でも実施可能なスマイル・アクションを紹介する（図
7：次頁）。
　「表情アップ大作戦」では，タブレットを活用して歌う様子や発言し
ている様子を友だちや家族に撮影をしてもらう。撮影された様子を基
に，口や目など，表情の確認・分析を行う。自分がどんな表情をしてい
るのかを知る機会を設定することで，自己認識力アップにつながる。

035

スマイルアクション		スマイルアクション	
タイトル	表情アップ大作戦	タイトル	目標くじ
もくひょう	表情豊かに歌うことができる	もくひょう	人の話を最後まで聞く（例）
やりかた	①家族や友達に、タブレットで歌っている様子を録画してもらう。②録画した様子を見て、歌っている表情をチェックする。※音声を流さないで見ると、表情のチェックがよりよくできる。	やりかた	①朝の会の時、一人ひとりが、授業や生活での目標を一枚の紙に書き、箱に入れる。※Google Classroom上であれば、ストリームへ投稿する。②その日の帰りの会のときに、一日の目標を振り返る。※Google Classroom上であれば、ストリームへ投稿する。
🌀	20人以上の人が、口を大きく開けている。	🌀	学級の3分の2以上の人が、達成している。
◎	10人以上の人が、口を大きく開けている。	◎	学級の半分以上の人が、達成している。

図7　同期型スマイル・アクションの例

　「目標くじ」では，自分の得意なことや苦手なことなど，克服したいことを用紙に書いたり，ストリームに投稿したりする。帰りの会の時間帯には，その日の目標が達成できたかどうかの行動の成果を評価する。学校にいても，家庭にいても，自分の性格や個性を知る機会をつくり，先生のみならず，保護者ができたことをフィードバックすることで，子ども一人ひとりの自信が身につく。

　どちらのスマイル・アクションも，家庭においても親子で交流する機会をつくることができる。教員だけでなく，家庭においても，「これを使って○○ができそう」と考えてもらうきっかけをつくることが重要である。

　今後，災害や感染症の発生などにより，各学校の臨時休業等の緊急事態が起きた場合においても，オンライン型学級力向上プロジェクトのように，児童生徒の学級づくりや学び合いを保障する環境を整え，自治的・自律的なサイクルの実現と継続が必要である。

😖 6 これから実践する人のための留意点

　本稿を結ぶにあたり，2つの留意点を示しておきたい。1点目は，オ

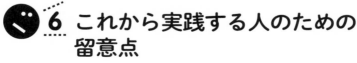

ンラインでの関わりに消極的な生徒への配慮である。少数ながら,「対面でなければ,相手に気持ちが伝わらない」といった記述や,オンデマンド方式による学習を志向する生徒なども認められた。そのため,活動の意図やねらいを生徒と十分に共有する場面(ガイダンス)と,必要に応じて個別に対応する場面(カウンセリング)とを設定することが重要になる。

　2点目は,生活習慣力を鍛えることである。家庭での生活時間が長くなると生活リズムが乱れがちとなり,自己管理能力が問われることになる。そこで,田中博之先生監修の「生活習慣力アップノート」や,各学校で使用されている「生活記録ノート」をスプレッドシートで電子化し,生徒と共有する方法が考えられる。生徒は,日々の目標や計画,実際の行動や振り返りを記入する。教師は生徒が入力したシートを確認し,コメントすることで,家庭での様子の把握や生徒へのフィードバックが可能になる。また,この取り組みは「学習や生活の見通しを立て,振り返る教材の活用」に相当し,キャリアパスポート作成時の資料としても利用できる。

　これらの点に留意することで,より効果的なツールの活用と自律的な学習者の育成を期待できるだろう。

本研究はJSPS科研費19K02819の助成を受けたものです。

参考文献

文部科学省『中学校学習指導要領解説編(平成29年告示)解説 特別活動編』東山書房,pp.71-73,2018

文部科学省「新型コロナウイルス感染症の影響を踏まえた公立学校における学習指導等に関する状況について(令和2年6月23日時点)」2020

https://www.mext.go.jp/content/20200717-mxt_kouhou01-000004520_1.pdf
(2021年2月アクセス)

田中博之(監修)『小学生のための生活習慣力アップノート【5・6年生用】』日本能率協会マネジメントセンター,2018

4 学級力アンケートの結果を学級力プロット図で可視化

子どもたち一人ひとりの状況をアセスメント

村瀬琢也

1 学級力アンケート 学級力プロット図のしくみ

　学級力プロット図は学級力アンケートの結果を用いて，これまでのレーダーチャートに加えて作成できる新しいタイプのグラフである。学級力アンケートの質問項目を二次元（「やりぬく力」と「つながる心」）に分け，各次元それぞれの回答（1〜4の4件法）の平均値を百分率に換算して縦軸・横軸の値とし，一人ひとりの子どもをドットにして散布図にプロットする。出席番号を横に表示（点が重なる場合はアルファベットと右側の番号で表示）し，これまでのレーダーチャートや棒グラフでは表されなかった児童生徒一人ひとりの状況が示されることになる（図1）。以下に，主に中学校版のアンケート結果を基に，その見方や使い方などを説明する。

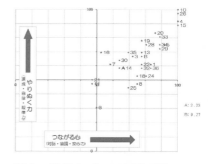

図1　学級力プロット図の例

（1）縦軸「やりぬく力」

　学級力アンケートの達成力・自律力・規律力にかかる質問項

I 学級力をぐんと伸ばす新しい学級づくり

目への個人の回答を縦軸「やりぬく力」の得点とする。学級目標や学習に向かう姿勢，ルール・マナーが確立されているかどうかなどについての満足度を示すことをねらいとした。

（2）横軸「つながる心」

学級力アンケートの対話力・協調力・安心力にかかる質問項目への個人の回答を横軸「つながる心」の得点とする。クラスの仲間同士のコミュニケーションや居心地のよさなどについての満足度を示すことをねらいとした。

（3）小学校版の学級力アンケートの場合

小学校中学年版の学級力プロット図を図2に示した。ほかの学年でも同様に質問項目を2次元に分けて，学級力プロット図の縦軸「やりぬく力」と横軸「つながる心」の得点とする。

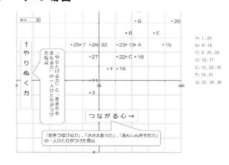

図2　小学校中学年版
学級力プロット図

2 教師用の資料として

学級力プロット図から，個々の児童生徒の所属学級への思いを大まかにとらえることができる（図3）。以下の（1）〜（5）のように学級の傾向をとらえたり，不満を感じている子を発見したりして指導に活用することができる。（6），（7）には活用する際のポイントを示した。

図3　各象限の様子

（1）第1象限（右上）にドットとして表示された児童生徒

　「やりぬく力」と「つながる心」がともに高いと感じている。児童生徒全員がこの位置にあり，学級担任や教科担当も同じように感じていれば，とてもよい学級の状態といえる。

（2）第4象限（右下）にドットとして表示された児童生徒

　「つながる心」はよいが「やりぬく力」に不満がある。仲よくできており，学級内の居心地はよいが，規範意識をもって行動したり，高め合ったりすることが不十分と感じている。多くの児童生徒がここに位置する場合，「楽しいクラス」「男女みんなの仲がよい」とよい面だけをとらえて，満足してしまう場合が多いように思う。

（3）第2象限（左上）にドットとして表示された児童生徒

　「やりぬく力」が高く「つながる心」が足りないと感じている。多くの児童生徒がここに位置する場合,「やることはきちんとやれている」と感じつつも「仲のよい友だちともっと楽しみたい」という考えや「クラスの中で誰とでも仲よくできているわけではない」という考えがあると思われる。子どもたちが，授業などで発信したり交流したりする場面がもっとほしいと感じている可能性もある。また，多くが第1象限にある中で，一部の子どもだけがここに位置している場合は，その子が孤立や疎外感を感じていることが考えられる。

（4）第3象限（左下）にドットとして表示された児童生徒

　「やりぬく力」と「つながる心」がともに低く，クラスに強い不満を感じている。図4のように多くの児童生徒がここに位置する場合は，学級としてよい状態ではないことがわかり，子どもたちが危機感を感じているともいえる。また，一部の児童

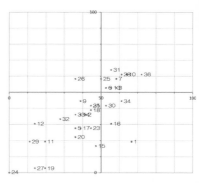

図4　第3象限にドットが多い状態

生徒のみがここに位置する場合，クラスになじめていないことやいじめなども疑われる。

（5）左下から右上にドットが散らばっている

子どもによって満足度が違う分布（図5）。レーダーチャートだけでは気づきにくいが，一部の児童生徒は「楽しいし，よくできたクラス」，別の児童生徒は「楽しくないし，クラスとしてもよくない」と感じている。つまり，学級評価の肯定群と否定群が二極化している。右上や左下に位置する子によっては，いじめやスクールカーストがあるととらえている可能性がある。

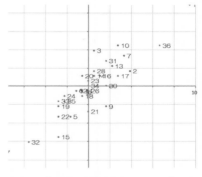

図5　左下から右上へドットが散らばる

（6）スマイルタイム（学級力についての話し合い活動）につなげるために

学級力アンケートは，児童生徒本人の学習態度や人間関係を直接問うものではなく，子どもたちの学級への思いの平均像がグラフに示される。図4のように第3象限に多くのドットがある場合や，図5のような二極化の状況にあてはまる場合，学級担任として苦しい思いをしているかもしれない。しかし，このときには，危機感のある子どもたちが学級力向上の取り組みを待っている状態と考えることもできる。

まずは，子どもたちが本音で話し合い，よりよいクラスにしたいという思いを確認できるスマイルタイムを特別活動の時間につくりたい。そして，その思いを行動に移すことができる学級力向上プロジェクトをすすめるために，学級担任は子どもたちの思いや意見をうまく拾い，子どもたちの姿を思い浮かべながら準備をする必要がある。話し合いに不安がある場合には，子どもたちの感想を共有するために冊子などにまとめ

たり，話し合いを具体的なスマイル・アクションにつなげるために図6のような話型シートを用いたりすることが有効である。学級担任一人で抱えこまず，他の先生方にスマイルタイムの授業の様子を見てもらったり，相談して意見を聴いたりするなど助けを得ながらすすめることも大切である。

図6　話型シートの例

（7）気になる児童生徒の発見と支援へ

学級力アンケートは，年度中に必要なタイミングで複数回アンケートをとることができること，すぐに集計して結果を生かせることなども利点である。学級内での人間関係に不満があったり悲観的に感じていたりする児童生徒をすばやく発見し，教室での様子に気を配ることや教育相談を行っていくことは大切な学級担任の役割である。学級力アンケートと子どもたちの思いをきめ細かく丁寧に見ることができる学級力プロット図を，ぜひこれからの学級づくりに生かしてほしい。

学級力プロット図が図7のような場合，1番，6番などが気になる子どもである。ここでも，担任一人で抱えこまないことが重要に思う。教科担当や学年，部活動顧問などの協力も得ながら，情報を集めていきたい。本人に不器用な面があったり，家庭での生活が関わっていたりすることもあるので，必要に応じて兄弟姉妹の担任や養護教諭，ＳＣ

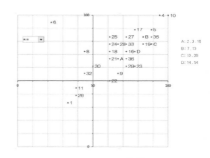

図7　学級力プロット図の例
　　（1番・6番などが気になる子）

（スクールカウンセラー），副校長や教頭などとも相談するべきである。
教育相談には後述の「個票」もぜひ資料として活用してほしい。

😐 3 児童生徒用の資料としての 活用方法

　学級力プロット図は出席番号を非表示にすれば，子どもたちへ学級力アンケートの結果を可視化する資料として示すことができる（図8）。分析シートは小学校高学年以上向けで，クラスの状況によってプロット図を子どもたちに見せない方がよい場

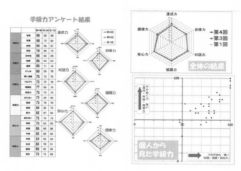

図8　分析シートの例
　（ダウンロード 資料のソフトで出力可能）

合もあるが，レーダーチャートにはない情報から気づきを得られる。

（1）子どもたちの分析・感想

　筆者が中学3年生に学級力プロット図を示して説明した様子と，中学2年生・3年生の分析や感想が図9である。

・明るくてみんな仲良しだと思ってたけど，そう感じてない人もいる。ちょっとショック。仲間はずれがないか，この先気をつけていきたい。

・両方100点満点の人がいる。そんなはずがないと思うので，誰かがいい加減に書いたと思う。

・仲が良いのはいいけど，やっぱり中学3年生なので上にももっとのばしたい。

図9　学級力プロット図を用いたスマイルタイムより

これまでに実践したスマイルタイムで，学級力プロット図に特に注目した生徒は多くはないが，レーダーチャートだけでは得られない，個々の友だちの学級評価を踏まえた分析や感想が出てくる利点がある。

（2）課題を見つけ，共有することへの助言・指導

　学級力プロット図の「やりぬく力」と「つながる心」という2つの視点は子どもたちがクラスの良し悪しを大きくとらえたり，目標を立てたりしやすいというメリットがある。このことを生かし，スモールステップで伝えたり考えさせたりすることで，学級力の診断・分析や話し合いに参加しにくい児童生徒もふくめたクラス全員が学級の課題に向き合えるよう導きたい。

①現状に満足しがちなとき

　2の（2）に示したように，「つながる心」の得点が高いと，子どもたちは現状に満足しがちである。ここで「『やりぬく力』も高めたい」という感想が出てきたり教師からうまく伝えたりできれば，自分たちにも十分でない部分があるとイメージしやすい。「そのためにはどの項目がよくなるとよいだろうか」と考えさせ，「『自律力』の整頓の項目を改善しよう」などとつなげて，高めたい項目とその必要性を明確にする。できるだけクラス全員で課題を共有した学級力向上プロジェクトになるよう，学級力プロット図の「やりぬく力」と「つながる心」という2つの視点を関連づけて生かしていく。

②一部の児童生徒のみが厳しい評価をしたとき

　「つながる心」の評価結果がよくない児童生徒がいた場合には，スマイルタイムで，「クラスの居心地があまりよくないと感じている人がいるようだ。何とかしなければいけないことだと思う」と伝えたり考えさせたりしてから，「項目ではどこだろう。具体的に何を直すべきだろう」と話し合わせる。学級力プロット図を見た子どもたちの分析や感想から同じような考えが出て共有できるとなおよい。このような場面がつくれれば，学級力プロット図の第2・第3象限に位置する子が感じている学級の課題意識がその後の学級改善につながったり，つらい思いをしている

子を傍観せずクラスみんなで支える雰囲気ができたり，不満が大きい子の気持ちが楽になったりする可能性がある。

（３）学級への個人の貢献度を振り返る授業実践（中学３年生）

　学級力レーダーチャートからクラスのよい点と悪い点についてよく考えられる児童生徒は多い。しかし，「自分自身もその学級の一員であり，アンケート結果の一部分である」という意識が低い場合がある。特に，自分がアンケート結果のよくなかった部分に影響を与えていたとき，具体的にどんな言動がよくなかったか，これからどうしていけばよいのかということに自分で気づくことや周りが指摘することは難しいことである。

　そこで，筆者は学級力プロット図の座標を目安にして，各自がクラスへの貢献度を自己採点して伝え合ったり，周りから評価を受けたりする機会を通して学級改善につなげたいと考え，スマイルタイムの時間をとった（図10）。このときの授業は，厳しい言葉をぶつけ合うような場面はなく，和やかな雰囲気の中で進んだ。それでも，指摘し合う中で気

をつけるべきことを感じた生徒や，周りからリーダーとして期待されているのを感じ，それに応えようという気持ちを示した生徒などがいた。ただし，評価意見を伝えるときには丁寧な言葉づかいに気をつけるよう指示をした。以下にワークシートの記述を示す。

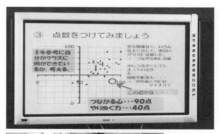

**図10　相互評価をとりいれた
　　　スマイルタイム**

- （指摘されたことは）「ときどきうるさい」「整理整頓できない」「係はしっかりやっている」。つながる

心は70点。やりぬく力は50点。友達と楽しみながら話すが，延長してしまうことがあるのが理由。

- （指摘されたことは）「手を挙げて発表している」「班長とかをやっている」「掃除でしゃべっていてたまにやれてない」。つながる心は70点。やりぬく力は60点。人に頼らないとできないことがあるから。
- みんながクラスのことをどんな風に思っているか分かった。自分のことを見直してみたら，意識していないところでクラスに迷惑をかけてしまっていることがあったかもしれないのがわかったから，これからは考えて行動しようと思う。
- （これから自分のやるべきことは）男女関係なく，仲良くたくさん話す。注意もできるように時には厳しくする。少しでもみんなの役に立てるようにがんばりたい。

4 学級力個票を生かす

　本書ダウンロード資料の集計ソフトから出力できる個票は，学級力プロット図で個々の児童生徒の評価内容を可視化するという考えを発展させ，学級力アンケートの個人の評価内容をその変容とともに見やすくまとめたものである。図11左側の表はこれまでの結果を数値で示したもので，右上は学級力プロット図で示したそれまでの個の変容である。右下は最新の学級力アンケートについて個人の回答（実線）とクラス全体の結果（点線）をレーダーチャートで比べたものである。学級力アンケートの一人ひとりの記録であるとともに，全体の結果と大きくずれのある子や学級力プロット図でアンケートの実施回ごとの変容が大きい子などを見て，サポートの必要な児童生徒をすばやく発見することをねらいとした。道徳科や総合的な学習の時間，行事などのさまざまな活動と関連させて，自身の学びの跡を見るポートフォリオにも生かすことができる。また，教育相談やスマイルタイム用の資料とすることもできる。実践した活用方法をその目的や利点と合わせて以下に示す。

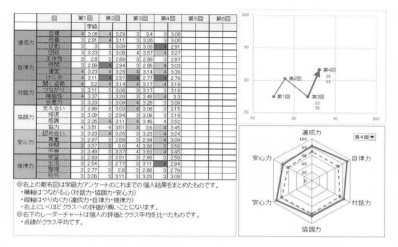

		第1回		第2回		第3回		第4回		第5回	第6回
		学級									
達成力	目標	4	3.06	4	3.29	3	3.4	3	3.06		
	改善力	3	2.89	4	3.11	3	3.26	3	3.06		
	自信	3	3	3	3.09	3	3.03	4	2.91		
自律力	自発	3	3.23	3	3.09	4	3.57	4	3.27		
	主体性	3	2.8	3	2.89	3	2.89	3	2.97		
	時間	3	2.89	4	2.94	3	3.26	4	3.03		
	運営	4	3.23	4	3.26	3	3.14	4	3.39		
	けじめ	3	3.11	3	2.97	4	2.77	3	2.79		
対話力	聞く姿勢	4	3.2	4	3.14	3	3.17	4	3.18		
	つながり	3	3.11	3	3.26	3	3.17	3	3.18		
	積極性	4	3.37	3	3.26	3	3.49	4	3.3		
	発言力	3	3.23	3	3.09	4	3.26	3	3.09		
協調力	支え合い	3	2.89	3	3.03	4	3.06	3	3.15		
	修復	3	3.09	3	2.94	3	3.09	3	3.18		
	感謝	3	3.26	4	3.11	4	3.46	4	3.52		
	協力	4	3.51	4	3.51	3	3.6	3	3.45		
安心力	認め合い	3	3.23	4	3.26	3	3.23	4	3.24		
	尊重	3	2.97	3	2.89	3	2.94	4	3.09		
	仲間	3	3.57	3	3.6	4	3.66	3	3.58		
	平等	3	3.49	3	3.37	4	3.63	4	3.45		
規律力	学習	3	2.63	3	2.51	3	2.66	3	2.58		
	生活	3	2.54	3	2.77	3	3.11	4	2.94		
	整理	3	2.77	3	2.8	3	2.86	3	2.79		
	校外	3	3	3	3.11	3	3.26	3	3.09		

◎右上の散布図は学級アンケートのこれまでの個人結果をまとめたものです。
・横軸はつながる心（対話力・協調力・安心力）
・縦軸はやりぬく力（達成力・自律力・規律力）
・右上にいくほどクラスへの評価が高いことになります。
◎右下のレーダーチャートは個人の評価とクラス平均を比べたものです。
・点線がクラス平均です。

図11　学級力個票の例（ダウンロード資料の集計ソフトで出力可能）

（1）教育相談の資料として

　図12の児童は，グラフからアンケート実施のたびに「つながる心」の値が大きく変化していることがわかる。ここから個票の数値を詳しく見ると話し合いなどに不満をもつ様子が感じられた。このとき，個票を一緒に見て「クラスはどこを直すとよいと思うか」「クラスのどん

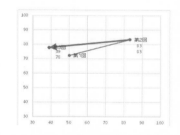

図12　気になる児童の個票

なところを不満に思うか」という問いかけをすることができる。学級力アンケートは児童生徒の内面を直接問うものではないため，教育相談で話題にしやすく，子どもたちの悩みや不安が深刻なものになる前に早めに声をかけることができる。また，全体の結果や個票に示されたクラスへの評価内容が，その子本人へ教師から注意したいところや踏み込んだ相談のきっかけとなることも多い。教育相談をより効果のあるものとするための資料となりえると考える。

（2）自分の回答に自信をもって発信する

　図13は分析シートと合わせて個票を資料として配付し，スマイルタイムで子どもたちが書いたはがき新聞である。コロナ禍で話し合い活動が大幅に制限されている中，大切にしたい発信の機会で，子どもたちが自分の回答（評価）も見ながら，自信をもって書くことができた。

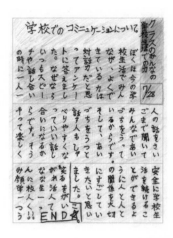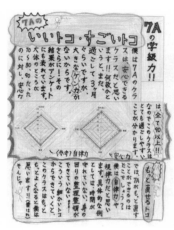

図13　レーダーチャートと個票を資料として書いたはがき新聞

（3）保護者と学級をつなぐ

　学級力アンケートの結果は，保護者にクラスの様子を伝えることにも広く使われている。そこに個票を加えることで，児童生徒本人がどう学級の様子を評価しているかがその変容と合わせて見えるため，家庭で話題にしてもらえるとよい。家庭と学級を児童生徒本人がつなぐツールとなり，結果がよければ安心感を，よくなければ協力を得られることにつなげられるようになればと願っている。ここでも年度内に継続して複数回できる学級力アンケートの利点が生きる。夏休み前の三者懇談の際，中学1年生の家庭に個票を渡したところ，以下のような反応があった。

- クラスの記録となっていくことについて説明すると，「こんなのがあるんですね」「ありがとうございます」と多くの保護者が肯定的な反応

であった。

- 目立って悪い結果がなく，第１回よりも第２回の方が個人の評価も上昇したのを見て，安心された様子の保護者があった。
- 本人が「つながる心」に満点をつけたのを見て「人見知りする子ですが，みんなとうまくいっているようで安心しました」と話された。
- クラスへの「やりぬく力」の評価が前回より下がったのを見て，生徒本人が「学習に低い点をつけた。授業中のよいつぶやきから，関係ない話になって広まってしまうことがあるから，自分もふくめて気をつけないといけない」と保護者に自分の言葉で説明する場面があった。

おわりに

　学級力プロット図や個票は，教員にとっては，主に気になる児童生徒の発見とその子への支援に役立てることができる。特に，学級経営や生徒指導で苦労しているとき，レーダーチャートとともに指導の振り返りやほかの先生との相談の資料として，ぜひ活用してほしい。また，子どもたちにとっても，クラスの仲間一人ひとりの思いと，自分の思いや反省の両方を大切にした学級力向上プロジェクトへとつなげるツールとなってほしい。

　子どもたちがよりよい学級と授業をつくるためには，意見や思いを伝え合うことが欠かせない。この先，教師は与えられた条件の中で子どもが発信し，それを生かすことができる指導を探っていかなければならない。旧学習指導要領で「言語活動の充実」として積みあげられた指導方法をさらに発展させることが求められている。学級力向上プロジェクトの中では，児童生徒個々が自信をもって評価や分析をすることと，それを意見発表やはがき新聞などで学級全体に向けて発信する場面が，これまで以上に重要になると思われる。本書の学級力プロット図をふくめた集計ソフトを，ここでぜひ役立ててほしい。多くの学校で，子どもたち一人ひとりがこれまで以上に活躍する学級力向上プロジェクトとなり，「みんなが一人ひとりを大切にし合う学級」が実現することを願う。

 学級力にまつわる
疑問を解決 !!

遠藤真司
蛯谷みさ

Q01 学級力アンケートは，年間何回くらいとる
とよいですか？　どんなペースで，いつご
ろ，どのタイミングでとるとよいのですか？

▲01　回数に決まりはありませんが，年5～6回程度を目安とすると
よいです。学級の状況や必要に応じて増減は可能ですが，多すぎると子
どもたちがマンネリを感じて逆効果です。

　これまでの経験からいえることは，3学期制の場合，各学期の初めと
終わりで計6回，2学期制の場合でも学期初めと終わりの計4回です
が，いずれも行事など何かの取り組みの前後など節目を利用して年間6
回程度が適当のようです。

　タイミングとして気をつけたいことは，目標をもって終えた行事の直
後など，気持ちが新鮮なうちに行うことです。行事の後，忙しくてアン
ケートをとるのが遅れたとか，アンケートはすぐとったのだが，それを
基に話し合うスマイルタイムの時間がなかなかとれなかったというので
は，達成感やそのときの友だちのがんばりにふれた感動も低下して，ス
マイルタイムの醍醐味がなくなりますので，気をつけましょう。**(蛯谷)**

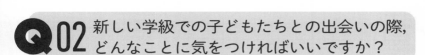

Q02 新しい学級での子どもたちとの出会いの際，どんなことに気をつければいいですか？

A02 新年度，子どもたちは新しい学級で出会う先生や友だちがどういう人なのか，期待と不安が入り混じった気持ちで教室に入ります。その期待に応えられるよう，そして，不安を払拭するよう努めましょう。

まず，明るく笑顔で子どもたち一人ひとりに接することです。担任がにこっと笑うだけで，子どもたちはほっとするはずです。誰にでもやさしく穏やかに話しかけて，これから一年間，一緒にこの学級でがんばっていこうという言葉を子どもたちにかけることで，希望が出てきます。また，子どもたちがお互いに理解し合って協力できるよう，はじめの一週間は特に集団で活動をする場を設けて，協働の意識をもたせるようにしていきます。**(遠藤)**

051

Q03 学級づくりを進める上で学級目標をどのようにつくったらいいですか？

A03 子どもたちと話し合って一緒に言葉などを選んでつくっていくと効果的です。教師がつくって一方的に学級目標を伝えるよりも，「先生と一緒にみんなでつくった」という思いが，学級目標をより身近に感じさせ，それに向けての意欲が増すからです。

教師ならば誰もが学級を担任したときに，この子どもたちをこのように指導していきたい，この学級をこのような集団にしていきたいと思います。担任の指導方針を子どもたちや保護者に早い段階で伝え，その後学級目標をつくっていきます。

また，保護者会などで，学級目標を子どもたちとともにつくったことを話すことで，保護者も一緒に協力していく姿勢をつくり出すことになります。**(遠藤)**

Q04 学級のルールを決めるときの留意点はありますか？

A04 学級生活の中で，学級全員に共通にルールが理解されていることが大事です。みんなが共通のルールとして認識していることで，より望ましい集団生活を営むことができるのです。

　ここで気をつけなければならないことは，指導にぶれを見せないということです。例えば，「誰かが話をしているときは話している人の顔を見る」というルールを決めるとします。そうしたら，教師が話をしているときにおしゃべりをしていたり，他のことに気をとられていたりしている子がいたとしたら，そのまま話を続けないことです。全員がこちらをしっかり見ていることを確認してから，話の続きをすると，子どもたちはみんなこのルールを守ることの大切さを理解します。ある時には先生の方を見ていない子に注意し，ある時にはそれに構わずに話をし続けていると，その判断基準がわからずルールが守られなくなります。指導のぶれを見せずに学級のルールを徹底していくことが大事です。**(遠藤)**

Q05 学級力向上プロジェクトは，どの時間にやればよいですか？

A05 特別活動の時間に行うとよいでしょう。学級力アンケートについては，初めてとるときは時間をとって丁寧な説明が必要ですが，慣れてくると子どもたちは5分もかからずにつけ終わることができるようになります。すると，朝の学活や帰りの会に短い時間で行うこともできます。ただ，話し合いを行うスマイルタイムについては授業1コマ分のまとまった時間が必要ですので特別活動の時間に行うことが適しています。場合によっては45分，中学校では50分を超えるときもあるでしょう。そのときには続きを帰りの会，朝の会などに行って補うとよいです。以上はこのプロジェクトの基本的なすすめ方です。応用としては，年間

カリキュラムを見通して，国語や道徳などの教科や総合的な学習の時間と関連付けて行うことです。このような時間と学習内容を関連付けてすすめると相乗効果がありますのでぜひ挑戦してください。**(蛯谷)**

Q06 学級づくりで当番活動，係活動などはどうすればいいですか？

A06 当番は給食当番，掃除当番など，学級のために誰もが行わなければならない仕事であり，係は新聞係，レクリエーション係，学習係，保健係など，ある程度子どもたちの自主性に任せて学級生活を豊かにしていくためのものです。したがって，当番は全員が体験できるよう公平に分担をしていきます。係は子どもたちの希望に沿う形で決めていき，自分たちで学級の問題を考えて係活動をすすめ，学級力の大事な基となる主体性を育んでいきます。**(遠藤)**

Q07 学級づくりに効果的な教室環境をどうつくればよいでしょうか？

A07 教室環境とは，子どもたちの作品を含む掲示物，教室内の机や椅子の整頓の仕方など，ふだん生活する教室全体の環境づくりのことです。

　教室を清潔にし，整理整頓されていることが子どもたちの安心感にもつながります。また子どもの作品などの掲示物がはがれたり，破れたりしないよう教師が常に気を配って整える姿を見せると，1つ1つの作品，子ども一人ひとりを大切にする気持ちが伝わります。

　子どもたちの学級づくりへの意識を高めるためにクラス全員で共有したい学級目標やルール，学級力アンケートの結果などを掲示するとよいでしょう。**(遠藤)**

Q08 子どもたちから，学級を改善するための具体的な案（スマイル・アクション）が出てきません。どうすればよいでしょうか？

A08 「レーダーチャートまで出しました。しかし，その後，どうすすめてよいのかわかりません。そこから子どもたちのやる気が停滞します。」という悩みも同様です。スマイル・アクションが決まらない悩みは初めての方からよく聞きます。子どもたちにとっても初めての経験ですから，具体的に適切なアイデアを出すように望むのは難しいことです。

そこで，教師から例を提示してイメージをもたせることにします。『学級力向上プロジェクト3』（金子書房刊）には，スマイル・アクションの事例が豊富に載っていますので，参考にしてください。また，ダウンロード資料にある「アクションカード」を活用するとよいです。アクションカードの中から3〜5つを選んで封筒に入れて班ごとに渡し，それをもとに子どもたちの意見を聞いて自分たちの学級の課題に合うように変更を加えるというようにしていくと，子どもたちから自由なアイデアが出るようになります。大切なことは，子どもから出たアイデアを，人権など内容的に問題なければ否定せず，なるべく生かすようにすることです。話し合いがすすむにつれておかしいことは誰かが気づき，改良されていきます。また，初めから完璧を求めずに，やりながら改善していくことも子どもたちに自己修正力をつけることになり効果的です。子どもたちと共にまず一歩を踏み出してください。**(蛭谷)**

Q09 学級力向上プロジェクトで言語能力を育てるポイントは何ですか？

A09 言語能力とは，自己表現，他者理解，共同生活の能力を支えるコミュニケーション力と思考力のことです。学習指導要領では，言語能力の育成を図ることが記されています。学級力向上プロジェクトは，学

級の構成員である子どもたち自身が，自らこの学級をよくしていこうという自治的，主体的な営みです。そのためには，子どもたちがお互いによりよい方向に向けて話し合うことが必要です。ここに言語能力が働いてくるのです。

　国語科の多くの授業では，子どもが話し合いをしたり発表したりする場があります。ここで，子どもたちの「話す力，聞く力」を高めていきましょう。お互いに相手の顔を見て，相手を尊重して話し合っていきます。このときに自分の言いたいことだけを通したり，相手の言うことを認めないような態度があったりしたら，それを正していく指導が必要です。また，回りくどい言い方があったり，乱暴な言葉があったり，結論がよくわからないような言い方があったら，その都度，教師が中心となって学級全体で，より適切な表現はどのような言い方なのかを考えさせます。

　国語科の授業中の発言，話し合い，発表などで，この「話す力，聞く力」を高めていくと，他教科での授業や学校行事などの教育活動，日常の子どもたちの生活の中でもその力が生かされるようになり，子どものコミュニケーション力が向上してきます。学級力向上プロジェクトの話し合いにも生かされ，よい学級づくりをすすめることができます。この場にふさわしい言葉は何か，それをどのような言い方で使えばいいかを考えることは，まさに子どもが集団生活の中で生きてくる言語能力の学習にほかなりません。言語能力を身につけ，言葉ひとつによって，人間関係がよくなることを子ども自身が認識するようにしましょう。**(遠藤)**

Q10 学級力の話し合いで個人を攻撃するようになる心配があります。どうしたらよいですか？

▲10　「レーダーチャートが上がらないのは，○○さんたちがいつも〜だからだ！　私たちがいくらがんばっても無駄になる！」というよう

な発言が心配ですね。だから，「話し合いはしない」ではなく，そういうときこそ学級力向上プロジェクトの出番ですね。スマイルタイムで話し合うときのルールを前もって共通理解しておくようにしましょう。

　例えば，個人の名前は，いいことは大いに出してよいが，よくないことについては出さないようにしようとか，スマイル・アクションの内容はみんなが取り組めるものにしようとか，個人攻撃はしないこと，というように行動の規範化につながる一般的な話し合いのルールを教室に掲示しておくなど，あらかじめ決めておきましょう。子どもの自主性を育てるからといって何でも子ども任せにしないで，教師の方で，みんなが取り組めることが大切といった価値づけをすることも大事です。みんなでするにはどんな取り組みをすればよいのか，前向きにスマイルタイムを構築しましょう。子ども同士の関係を断たないことが大切です。互いのよさを知り，困難を克服する楽しさを子どもたちに味わってもらいたいと思います。**(蛭谷)**

Q11 2回3回とアンケートを続けるうちに毎回やることや流れがややマンネリ化しているようです。どうしたらよいでしょうか？

▲11　原因として考えられるのは，①レーダーチャートが変化しない（達成感が得られない），②スマイル・アクションがうまく機能していない，です。①で，学級力が高止まりしてレーダーチャートに変化がない場合は，アンケート項目を自分たちで考えてレベルアップさせるなど新たな変更を行うとよいです。逆に学級力が伸びていかない場合は，1つのスマイル・アクションに重点を絞って改善策を練るとよいです。②については，スマイル・アクションが，スマイルタイムで行った学級の課題に応じたものになっているか，子どもたちにとって取り組みやすいものになっているかなど，話し合いを通してアクションの評価・改善を行うことで，子どもたちのワクワク感を引き出していきましょう。**(蛭谷)**

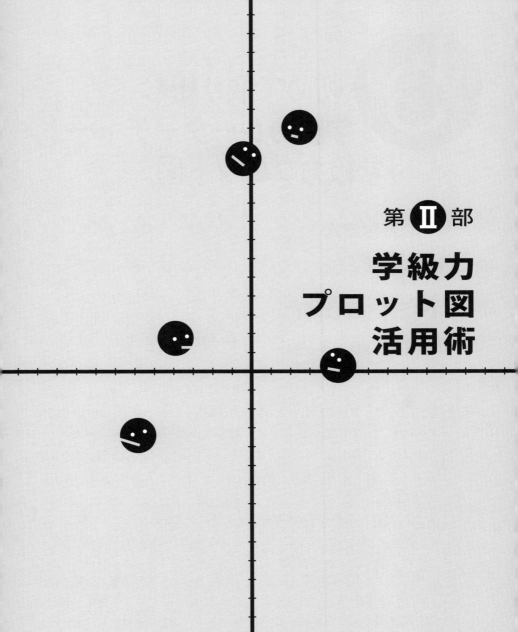

第 **Ⅱ** 部

学級力
プロット図
活用術

5 初めて取り組む 学級力レーダーチャート ・学級力プロット図

野村宏人

1 はじめに

（1）取り組みのきっかけ

　本校は海と山に囲まれた自然豊かな街，島根県益田市にある。全校児童は420名で，各学年が2～3クラスを有している。たまたま視察した埼玉県の小学校の教室で見た学級力のレーダーチャート。全クラスに掲示され，とても気になっていた。視察先の学校の先生に頼み込んで，学級力アンケートについて教えてもらい，子どもたちの集団性を大きく高めることができると考え，学級力向上プロジェクトに全校で取り組むことにした。

（2）勢い～広がっていく学級力向上プロジェクト～

　はじめのうちは，ただ全校の学級力を向上させたいという思いと，これまで見えなかった「学級力」というものがグラフとして可視化され，子どもたちと一緒に見られることにワクワクし，周りの職員にもそのメリットを話し共有した。同時に学級力が向上するという実感ももてていった。すると，それは小学校だけでなく，中学校の職員も一緒に取り組もうという勢いとなって，瞬く間に高津地区に広がっていった。小中一緒になって合同の研修会を開き，Zoomによる田中博之教授との合同

研修会を実施するなど，小中９年間を通して高津地区の児童生徒の学級力を育てようという機運が高まった。

（3）コロナ禍に学級力の大切さを再確認

　コロナ禍，本校も４月は休校となった。しかし，休校中に学級力向上の取り組みはさらに勢いを増した。新型コロナウイルス感染拡大防止の観点から児童生徒同士の縦割り班活動が制限される中，本校は分散登校時でも児童が学級単位で活動することは可能だったため，学級力に関するZoomによる教職員研修を行い，学級力という「学級単位の児童同士のつながり」を再確認する時間をとることができた（図１，２）。

図１　積極的に質問する若手職員　図２　小中合同の研修会を開催

●゜2　高津小学校に浸透させるための準備

（1）Zoomによる合同研修

　Zoomによる研修。そこで今後の流れがどんどん決まっていった。7月までに２回の学級力アンケートを実施すること。２回のアンケートの間に，学級会など（スマイルタイム）で話し合い，「課題を改善するための活動（高津っ子タイムなど）」を実施すること。ビフォーとアフターを分析するためのアンケートをとること。第１回のアンケートをとる前に，学級目標などを決める話し合いや，「どんなクラスがいいクラスだと思う？」などと児童に問いかけ，ウェビングマップ（どんどん模造紙に

書いて図のようにする）にして，１週間後ぐらいに「みんなの言ってくれたことから先生がアンケートを作ってみたよ」などと児童が学級力アンケートに対して主体的になれるような工夫をし，始めるということを決めた。

（2）分析の仕方

　学級力アンケート実施後，レーダーチャートを拡大印刷機で印刷し，レーダーチャートに，児童と共に分析したことを直接マジックで書きこみ，掲示した。まず児童にレーダーチャートの見方を説明する。「真ん中から100に近い方がよい」ということ。分析する際に「私たちの学級で特に自慢したいことはどれ？」と２つぐらい挙げさせる。また，「がんばりたいと思うことはどれ？」と２つぐらい挙げさせる。児童を元気づけ，主体性を高めることが目的なので，改善点ばかり挙げて「反省会」になるのは暗い気持ちになって主体性が下がるため留意する。

（3）主体性を高めて児童に当事者意識をもたせる

　上記の分析を受けて，グループで，付箋を使ったり，ホワイトボードで話し合ったりして，改善案としての遊びなど（スマイル・アクション）を計画し，係や会社活動など，各学級の実態に応じて，改善するための活動を行う。計画する際には，アクションカード（ダウンロード資料参照）を活用。アクションカードは，学年に合わせたものが数種類提供されているが，子どもたちの主体性をより高めるために，グループごとに選択して決めたり，カードの中にある活動以外で子どもたちがよいと思うアクションを思いついた場合には，それを採り入れた。高津小の児童の実態に合うような活動を児童自身が選んだり，作り出したりすることで，より主体性を高め，横のつながりを意識させ児童の自治力を育てていこうとする取り組みである。

　活動後には，帰りの会などを活用して，１人30秒くらいで３人当て，改善のための活動の振り返りを行うなど，毎日コツコツと積み上げる。ビー玉を瓶にためたり，シールを使って掲示したレーダーチャートに貼ったり，結果を可視化すると主体性が高まることなど，特活リーダー

（本校の研究である特別活動の推進者）を中心に具体的な手法を広めた。

3 学級力レーダーチャート・学級力プロット図をこう生かす

（1）学級力プロット図作成ソフトを活用

　学級力プロット図作成ソフトが新たに加わった学級力向上プロジェクトのツールを使って，学級力アンケートを実施した。子どもにはレーダーチャートを見せて，当事者意識をもたせ，学級力レーダーチャートを児童と共有する。先生は学級力プロット図のデータを見つつ，児童を表すドットの移動の経緯を見ながら第3象限にいる子を支援していく。

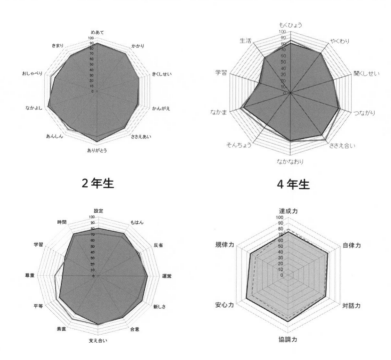

2年生　　　　　　　　　　4年生

6年生　　　　　　　　　　中2

図3　第1回，第2回学級カレーダーチャート

1回目（5/25 ～ 5/29）

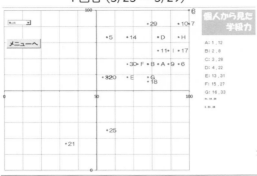

全体的に学級力が高い
まずは、実態把握を図る。

2回目（6/29 ～ 7/3）

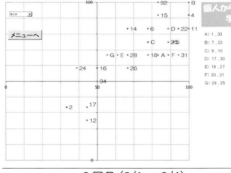

②⑫⑰の児童についてアプローチしていくことで，全体を引き上げることができると仮説を立てる。

3回目（9/1 ～ 9/4）

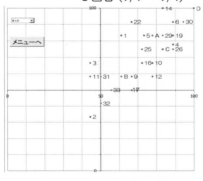

1 ～ 3 回目までの
担任支援
・第 2 回目の際に②⑫⑰の子に絞って個別の支援をしていく。
・特に⑰の児童に対して，コミュニケーションスキルを強化するための支援を行う。
・⑰だけでなく⑫も結果が上昇。

図4　小学校4年生のクラスの学級力プロット図
（個人が特定できないよう，無作為の番号で比較しています）

Ⅱ　学級力プロット図活用術

レーダーチャートと，学級力プロット図の両方を見ながら支援していくという研究を進めていくこととした。

（2）実際のデータ（概観）

　図3（高津地区の小中学校全クラスで行ったものの中から一部を掲載）は，5月末（実線）と6月末（網かけ）の学級力レーダーチャートである。各クラスの実態や学年による実態が大きく違うことが見て取れる。

（3）学級力プロット図の活用 〜4年生の実践から〜

　1回目の学級力の結果は全体的に高く，学級力プロット図（図4）で第3象限に位置する一人の児童もとくに課題があるようには感じられなかったので，注意深く見守ることとし，実態把握を図った。2回目の学級力プロット図では第3象限に3人の児童が入り，②⑫⑰の児童についてアプローチしていくことで，学級力を引き上げることができると考えた。特に⑰の児童に対して，コミュニケーションスキルを強化するための支援を行ったところ，第3回の学級力プロット図では，第1象限に入り，担任の目からもグループ学習などで級友と支え合う姿が認められた。

（4）レーダーチャートでは把握しきれなかった課題がわかる

　なぜ，2回目の学級力アンケートで全体的に下がったのか（図5：次頁）。これは個人を特定していかなければなかなか把握できない。そこで，学級力プロット図を使い，個人への支援をしつつ学級力レーダーチャートを効果的に伸ばしていこうとした。

　今回でいえば，2回目の調査の②⑫⑰の児童であるが，縦軸が「やりぬく力」，横軸が「つながる心」という指標でとらえ，自分の学級には両方の力がない，あるいはその力が学級担任から認められていないと認知していることになる。その児童の意見が通りにくい実態があるのか，あるいは担任の見えていないところで，該当児童がそう感じる実態があるのかを探る手がかりになった。その際，学級力の結果を可視化する2種類のグラフは担任にとって有効な資料となった。

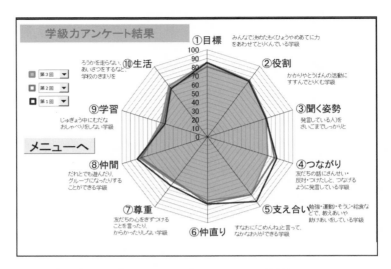

図5　学級力レーダーチャート（1〜3回目の比較）

（5）個別集計表（個票）による分析でさらにわかる！

① 個人の状況をさらに詳しく分析できる

　例えば，⑰の児童の場合，2回目の学級力アンケートで「尊重」「学習」「生活」の項目の評価が4から1に下がっている（図6）。下がっている学級力アンケート項目の質問は以下である。

尊　重	友達の心を傷つけることを言ったり，からかったりしない学級です。
学　習	授業中にむだなおしゃべりをしない学級です。
生　活	ろうかを走らない，あいさつをするなど，学級のきまりを守っている学級です。

　この児童は，年度当初，すべての項目を「4」と高く評価していた。この児童を観察していると，トラブルに巻き込まれやすく，自分の気持ちをうまく相手に伝えることができないという実態がある。アンケート結果から，このような児童の気持ちに気づくための指標をもつことで，35人の学級であっても，どの児童から支援をしていけばよいのかという

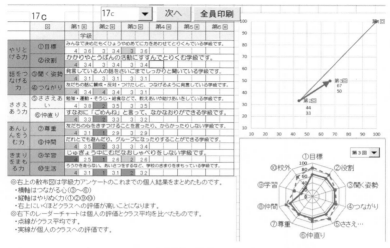

図6　⑰の児童について　個別集計表（個票）より分析

方針を効率的に決めることができる。

② 個人へのアプローチ

　第2回のアンケート結果で注目した⑰の児童に対して，グループ活動で何のハードルが高いのかについて個別に話をして，「話し合うことはできる」しかし，「グループ内での役割分担でうまくいかない」という自己の振り返りを聞き取り，原因分析を行った。そこで，役割分担の際には，担任がその役を該当児童と一緒に行い，本人の課題をクリアさせることで，次の段階に進むことを助言した。すると，グループ活動はスムーズに行われ，3回目のアンケートでは，学級力に対する肯定的な見方が強まったと考えられる。このように，学級力プロット図から見出した気がかりな児童の個別の課題を担任が把握し，支援することは，学級力を伸ばすことにつながる。

③ 俯瞰的な視点を得ることができる

　小学校担任は，中学校教員とは違い，多くの教科を担当し，1日中児童と一緒の教室にいることから，俯瞰的な視点をもちにくい。そこで

レーダーチャートで全体の状態を把握しつつ、個人の動きを学級力プロット図で把握して支援することで効果的にめざす学級力をつけていくことができる。

本校で設定している教育相談の時間「あのねタイム」の時間に個別集計表（個票）を用いることで、より客観的な資料に即した教育相談を実施することができた。⑰の児童の場合、教育相談の成果が3回目のアンケート結果に顕著に表れた。

④ 指標をもった体験的活動の実施

総合的な学習の時間に地域の川での生物観察体験活動を行った（図7，8）。その際に学級力向上のために以下の5つの観点をもつことを児童同士で決め、実施した。

- 自主的に動くことができる。（言われなくても行動できる）
- 集団行動をする。（集団のルールを守る）
- 新しい人間関係をつくる。（誰とでも仲よく）
- 社会人として当たり前の「礼儀」「あいさつ」ができる。
- 課題が解決できる。（疑問に思っていたことの答えを調べられたか）

図7　校外での体験活動

図8　グループで指標をもって活動する

全員遊びなどのふだんの活動に加え，行事や校外での体験活動などの際に子どもたちと一緒に決めた指標を共有することで，どこに努力をすればよいかが明確になる。また，活動の途中で形成的評価を随時加え，できていることを明示することで，課題のある児童がこれまでに比べグループ活動に笑顔で取り組む姿が随所に見られ，学級力プロット図のドットの配置が右上へと集まっていったと考えられる。

😐 4 今後の課題

「まだ，学級力向上のことをよくわかっていない児童もいる」という話に管理職となった。本校では他にも多くのアンケートを実施しているため，その中の1つに過ぎないという実態がある。一方で，だからこそ「素の意見」を書いているともいえる。学校としては，全学級で学級力を伸ばしたいと考えていることから，もっとその裾野を広げていく必要があるため，今後さらに取り組みの工夫をしていきたい。

レーダーチャートだけでなく，アンケート項目と一緒に掲示するなど，見てわかる工夫が必要である。学級会のもち方の工夫，すすめ方の例示など，もっと児童を巻き込んでの当事者意識をもった実践が必要だと考える。

本校は，島根県のプロジェクト事業を受けており，「主体的・対話的な児童育成プロジェクト事業」を活用し，島根県内にも公開授業をするなど，もっとこの学級力向上の取り組みを広めていこうと考えている。

初めて取り組まれる方々は，めざす学級の目標を一番大切にしながらすすめることが大切だと思う。子どもたちが主体的に取り組めるように，「子どもたちが決めてすすめる」ことにこだわり，その学級に合う形に変えていくことが重要である。集団の力が個人より大きくならず，個人の力が集団の力を超えないように，個人と集団がフラットな関係をつくることをめざしていくとよいと感じる。

6 みんなが 笑顔になる 小学校中学年の実践

宇都 亨

はじめに

　「明日も行きたい○年○組」。これは，私が毎年学級目標にしている言葉である。「今日も楽しかった」「明日も行きたいな」……子どもたちがそう思える学級にするために，子どもたちと共に学級力向上プロジェクトに取り組んできた。今回新しく作られた「学級力プロット図」には子どもたちの心のサインが現れる。4年生の一年間を紹介する。

●1 年間を通した取り組み

　「明日も行きたい学級」になるためには，安心できる人間関係が必要である。子どもたち同士の人間関係をつなげるために，そして学級全員で達成感を味わうために，年間を通して以下の3つのことを行った。

　「誕生日カード」・・・児童の誕生日（長期休業中の場合は長期休業に入る前の日）に学級全員からメッセージカードを渡す。必ず事前に担任がメッセージカードの内容に目を通しておく。

　「誰でしょうクイズ」・・・一人1枚紙を配り，「好きな食べ物」「最近あったうれしいこと」といった項目の答えを紙に書かせて集める。毎朝日番が1枚ずつ読み上げ，誰が書いたものかを当てるクイズである。

「ビー玉貯金」・・・1日のめあてを決め，達成できたら瓶にビー玉を入れる（図1）。

　どれも簡単にできる取り組みであるが，効果は絶大である。ぜひお勧めしたい。これら3つの取り組みは，学級力アンケートの「目標」「仲間」「尊重」「仲直り」「支え合い」といった項目にもつながっていく。

図1　ビー玉貯金

😐 2　1学期の取り組み

（1）最初の学級会（「スマイルタイム」）

　本学級では，学級会を「みんながスマイルになるための時間」として「スマイルタイム」と名付けている。最初のスマイルタイムでは「よい学級とは」ということについて話し合った。子どもたちの思いを共有しながら話し合い，まとめたものを一年間掲示した（図2）。

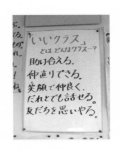

図2　いいクラスとは

（2）第1回学級力アンケート（4月末）

　少しずつ新しい学級に慣れてきたころに，最初の学級力アンケートを行った。その結果を，レーダーチャートにして子どもたちに示した（図3）。

　話し合いでは，発言できる子，声の大きい子の意見だけに偏らないように配慮したい。数値が低いところに目

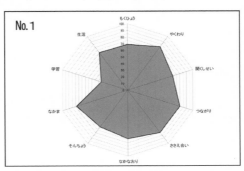

図3　第1回学級力レーダーチャート

がいきやすいが，数値の高いところにも目を向けさせることが大切である。学級のよさをしっかりと話し合うことは，子どもたちの自尊心の向上へつながる。

　特別活動で1時間を充てた話し合いの結果，子どもたちは，以下のようなスマイル・アクションを実行することに決めた。

「学習ルールを作る」・・・授業中の流れを遮る発言に目を向け，自分たちでルールを作ることにした（図4）。

図4　学習ルール

「あるある映像」・・・授業中のよくない行動を演じ，それをビデオにとって全員で見た。演じる子どもたちの様子がおかしくて，大笑いしながら作った映像であるが，この後「○○くん，あの映像みたいになっているよ」と子ども同士で注意し合うなどの効果が見られた。

「ごめんねカウンター」・・・「ごめんね」と言う機会があったら，掲示した表にシールを貼る（図5）。

**図5　ごめんね
　　　カウンター**

「お楽しみ会」・・・「仲良くなる」という目標を達成するために，お楽しみ会を開くことにした。

　学習ルールを決めたりお楽しみ会をしたりすることは，どこの学級でもよく見られることである。しかし，教師主体ではなく，子どもたち自身が必要性を感じて行うことに意味がある。

　話し合いの後，決まった内容や自分の考えを「はがき新聞」にまとめさせた（図6）。は

図6　はがき新聞

II 学級力プロット図活用術

がき新聞は公益財団法人理想教育財団が無償で提供しているものである。短時間で書くことができ，自分の考えを整理したり，友だちの考えを知ったりすることができるはがき新聞は，おすすめの表現ツールである。

（3）第1回学級力プロット図（4月末）

左下（第3象限）のドットで表された3人の児童が，特に気をつけたい子である。この子たちを一人ずつ呼んで話を聞くと，新しい学級の人間関係，家庭環境などそれぞれに悩みを抱えていることが

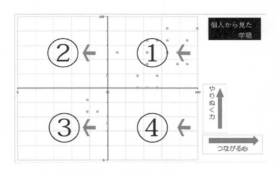

図7　第1回学級力プロット図

わかった。このように学級力プロット図には，課題のある子たちの現在の心理状態が表れやすい（図7）。人間関係に悩んでいる子には自分の気持ちの上手な伝え方を教えたり，担任が間に入ったりといった手立てをとった。また，家庭と連絡をとりあい，継続して日々の様子を丁寧に見ていくことにした。

（4）第2回学級力アンケート（7月）

2回目の学級力アンケートでは，全体的にレーダーチャートが縮小（図8）。話し合い（スマイルタイム）の結果，子どもたちからは自分たちの行動を見る目が厳しくなっている様子が見てとれた。が

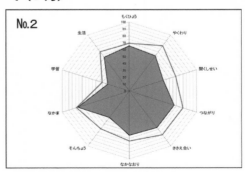

図8　第2回学級力レーダーチャート

んばろうとしている結果であるといえる。

　話し合いが進み，学級の居心地が話題になったとき，ある男子が手を挙げ「ぼくは寂しい。ぼくが話してもあんまり反応してくれないし」と言った。本音が現れた瞬間である。「ほかにも寂しいなと思う人？」と問うと，数人が手を挙げた。新しい学級に慣れてきた。でも，特定の友だちとだけ仲よくしているのかもしれない。そのことに子どもたちは気づいたのである。

　子どもたちは，ふだんあまり話したことのない子，一緒に遊んだことのない子と一緒の班になりたいと言い出した。こうして，1学期最後のスマイル・アクションは「1学期最後の席替えは自分たちで席を考える」になった。ふだんよく話したり遊んだりする子とは席を離し，ふだん接点の少ない子とできるだけ席が近くになるように自分たちで席を考えさせた。その後担任や周りの子から見ていて，そうなっていないと判断したときは声をかけ再度考えさせた。子どもたちは新しい友だちができるのを喜び，うれしそうに席を決めていった。

　続いて，これまでの4つのスマイル・アクションを検証した。効果があったかどうか，効果がなかったのであれば改善点は何か，今後も継続するかどうか，といったことを話し合った。

（5）第2回学級力プロット図（7月）

　「僕は寂しい」と発言した男子が，第1回目では第1象限の右上付近に位置していたのに，左下（第3象限）に入っていた（図9）。矢印は，その変容の軌跡である。他の象

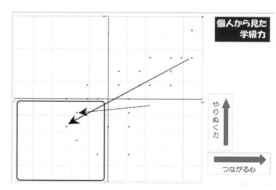

図9　第2回学級力プロット図

限から新たに一人の女子も左下に入ってきていた（破線矢印）。個別に呼んで話を聞き，その子たちの周囲の友だちにも声をかけ，人間関係をつなげる支援を行った。

　また，継続して第3象限にいる子も含め，担任の方から積極的に声をかけ，継続的に支援を行った。

3　2学期の取り組み

（1）第3回学級力アンケート（9月末）

　「目標」の数値は大きく上がった（図10）。一方で，「学習」や「仲直り」の数値が低い。「できたかどうかを毎日振り返ったらどうか」「仲直りできたらポイントがたまるような取り組みができないか」という子どもたちの意見をも

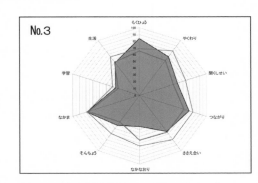

図10　第3回学級力レーダーチャート

とに，新たに2つのスマイル・アクションを決めた。

　「学習点検アンケート」・・・一定期間の間，「むだなおしゃべり」についてのアンケート調査を行い，結果について話し合う。

　「スマイルの木」・・・「ごめんね」だけでなく，友だちに何かをしてもらったとき，自分が友だちに何かをしてあげたときなどにも，壁に貼られたスマイルの木にカードを貼る。カードには内容を書く。

　文化的行事が終わり，中だるみのしやすい11月に突入したが，学級力のおかげで子どもたちは目標をもって日々の生活を過ごしていた。

（2）第3回学級力プロット図（9月末）

　第2回で「寂しい」と答えた男子，友だち関係に悩んでいた女子は，

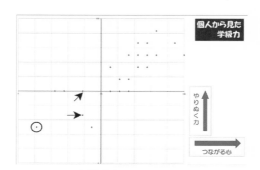

図11　第3回学級力プロット図

それぞれやや右に移動した（図11）。どちらも，友だちの輪が少しずつ広がっている様子が見られるが，まだ不安は強いようだ。最も気になるのは，3回続けて第3象限の左下にいる男子である（丸囲み）。自分に自信がもてない様子で，気持ちの不安定さが目立っていた。本人のがんばりや小さな成長を見逃さずに声をかけてほめ，全体の場で紹介するなどして，自信がもてるように支援した。

（3）第4回学級力アンケート（11月）

2学期後半になってこれまでの取り組みの成果がようやくレーダーチャート（図12）に表れ，みんな大喜びだった。学級の取り組みはすぐに結果として表れるとは限らない。それでも，子どもたちを信じて，日々の小さな取り組みを続けていくことが大切である。日々の努力を称えた後，学習ルールは守れているか，「ごめんね」を言うことができているか，学習への姿勢は

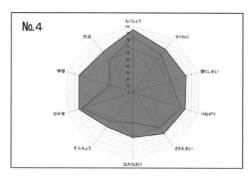

図12　第4回学級力レーダーチャート

継続できているか，スマイルの木の効果はあったか，といったこれまでのスマイル・アクションの検証を行った。

（4）第4回学級力プロット図（11月）

　3回続けて第3象限にいた男子は中央付近に移動した（図13：破線矢印）。本人の努力はもちろんのこと，周囲の友だちの温かい声かけも彼に安心感を与えている。7月に「寂しい」と訴えた子は第3象限から第2象限に移動した（矢印）。第2象限は「やるべきことはできているが，安心感がやや低い」とみることができる。引き続き支援が必要である。

　学級全体を見ると，右上の第1象限に多くの子が入るようになった。学級としては好ましい状況であるといえる。4月に比べて子どもたちの使う言葉が柔らかくなり，温かい笑いがあふれるようになった。授業中の発表も多くの子の手が挙がる。友だちのがんばる姿に自然と拍手が起こったり，前向きな言葉が出たりと，いい雰囲気になっていた。

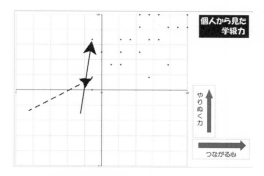

図13　第4回学級力プロット図

4　3学期の取り組み

（1）スマイル・アクションの発展

　3学期に入り，「ありがとう」と「ごめんね」をもっと伝え合いたい，という意見が子どもたちから出た。そこで新たに「ありがとう」や「ご

めんね」を伝えるカード（図14）を
送り合うことに決めた。しかし，も
らえる枚数に個人差が出てしまう
と，悲しい思いをする子が出てしま
うかもしれない。個人に関わるスマ
イル・アクションにはこうした配慮
が必要である。そこで子どもたち
は，毎日の日番に全員がカードを書

**図14 「ありがとう」「ごめんね」
を伝えるカード**

いて渡すという方法を考え実践していった。

（2）第5回学級力アンケート・学級力プロット図（2月）

左下の第3象限に一
人，男子が入っている
（図15：矢印）。アン
ケート実施時には友だ
ちとトラブルになって
いた最中だったため，
このような結果になっ
たのかもしれない。ト
ラブルは担任が間に
入って解決した。

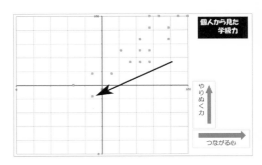

図15 第5回学級力プロット図

学級経営では特に気
をつけないといけない
といわれる2月であっ
たが，学級全体を見る
と，仲よく，穏やかに
過ごしていた。「先生，
このクラスが終わって
しまうのは寂しいで
す」と言いに来てくれ

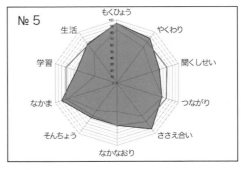

図16 第5回学級力レーダーチャート

る子もいるなど，子どもたちはこの学級を，居心地のよい学級と感じて
くれているようだ。「学習」の数値が下がっているので（図16），もう一
度気を引き締めようと話し合った。

5 学級力プロット図の魅力

　学級力プロット図の最大の魅力は，子どもたち一人ひとりの心の動き
が見えるということである。現在の心理状態はもちろん，これまでの結
果と比較して見ることで，子どもたちの変容に気づくことができる。

　学級力向上プロジェクトでは，子どもが主役となって学級をつくって
いく過程を大切にしてきた。そこに個人を見える化する学級力プロット
図が加わることで，学級全体の成長と，悩みを抱えている子どもたち一
人ひとりを継続的に支援していくことがより可能になる。日本全国の学
校で学級力向上プロジェクト，学級力プロット図が広がり，子どもたち
にとって安心できる「明日も行きたい教室」がたくさんつくられること
を願っている。

おわりに

　中学年は，自分と周囲との関わりにだんだんと意識が向くようになる
時期である。この時期に，友だちと助け合ったり，協力し合ったりする
経験をたくさん積ませたい。3学期，校内で行われた「自分のよいとこ
ろ見つけ」において，本学級の児童
が「わたしは4年〇組のクラスにい
る自分がすき」と書いた（図17）。
担任として，これほどうれしい言葉
はない。どの子も全員が安心して登
校できる「明日も行きたい教室」を
つくるため，これからも日々試行錯
誤しながら前に進んでいきたい。

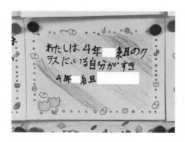

図17　自分のよいところ見つけ

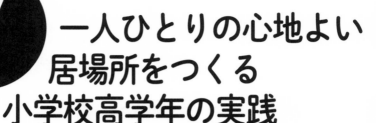

一人ひとりの心地よい 居場所をつくる 小学校高学年の実践

宇都　亨

1 子どもたちとの出会い

　異動した先の学校で5年生を担任することになった。前年度にいろいろあった学年だとは聞いていたが，始業式の日の子どもたちはとても不安そうだった。私の言動を注意深く見つめる子どもたちからは，心の距離が感じられた。私も新しい学校でのスタートは不安だったが，子どもたちも不安なのだ。早く子どもたちが安心できる教室をつくりたい，と強く思った。

　日々の授業を大切にしながら，学級力アンケートを活用した学級力向上プロジェクトの取り組みに加えて，新たに個の状況を可視化する学級力プロット図を活用しながら「明日も行きたい学級」をめざした一年間を紹介する。

　なお，この一年間でも4年生の実践で紹介した「誕生日カード」「ビー玉貯金」「誰でしょうクイズ」を行った（詳細はp.68，69参照）。

　これら3つの取り組みには，高学年の子どもたちも喜んで参加する。特に，一定のグループに固まりがちな高学年の子どもたちにとっては，さまざまな友だちの一面を知ったり，関わりをもったりするための貴重な機会となる。

2　1学期の取り組み

（1）第1回スマイルタイム（4月初め）

　学級開きの後，「よいクラスってどんなクラスだろう」と子どもたちに投げかけ，話し合った。どの子も安心して過ごすことのできる学級を望んでいることがわかり，ほっとした。ある子が言った「一年が終わる最後に，今までで一番楽しいクラスだったと思えるクラスになりたい」という言葉がとても印象的だった。

（2）言葉について考える（4月初め）

　言葉づかいが気になったため，今までに言われてうれしかった言葉と，いやだった言葉を黒板に書かせた。この学級で使いたい言葉と，使ってはいけない言葉を整理して名前を付け，いつでも見られるように掲示した（図1）。

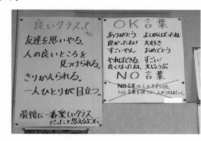

図1　OK言葉とNO言葉

（3）第1回学級力レーダーチャート（5月初め）

　スマイルタイム（学級会）を参観日に設定した。学級力アンケートを基に学級をつくっていく様子を，ぜひ保護者に見てもらいたいと思ったからだ。まずはこの1か月，自分たちががんばってきたことに目を向けさせたいと考えた。そこで，最初に学級のよいところについて話し合ってから，学級力レーダーチャート（図2）を基

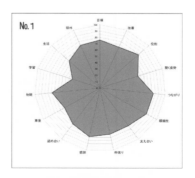

図2　第1回学級力レーダーチャート

に課題を話し合った。子どもたちは話し合いをすすめていくうちに，担任がいないときの自分たちの言動に課題があることに気がついた。

　この話し合いを受けて「もっと仲よくなる」「教室移動の整列を早くする」「友だちの発表をしっかりと聞く」「先生のいないときにもきちんとできるクラスになる」という４つの目標が決まった。それぞれ「仲良し大作戦」「並べ並べ大作戦」「聞いて聞いて大作戦」「先生いないいない大作戦」と名付け，具体的なスマイル・アクションを考えていくことにした。

（4）第１回学級力プロット図（5月初め）

　学級力プロット図（図３）は，４つの領域に分けて考えることができる。特に注意したいのは，左下の第３象限にいる「やりぬく力」も「つながる心」もともに「満足できていない」子たちである。

　今回第３象限に入った５人のうち３人は，ある程度この結果が予想された子たちである。これまでに人間関係の悩みを話してくれたり，不安定な様子が見られたりした子たちであった。その都度話を聞き，支援を行ってきた。一方，残りの２人は私にとっては意外な結果であった。一人は，友だちと仲よくしているが本当の自分が出せていないという不安を話してくれた。もう一人は，学級に対して厳しい目をもっていることがわかった。求めるレベルが高いゆえ，学級の課題がよく見えていた。左下の第３象限の領域にいる子は，何らかの満たされない思いを強く抱

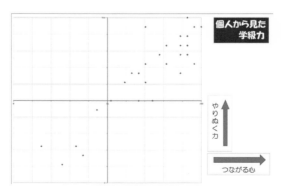

図３　第１回学級力プロット図

080

いており，サインを出している状態であるといえる。長年学級担任をしていると，子どもの表情や様子で「おかしいな」と感じる「勘」のようなものが身についてくる。この学級力プロット図があれば，経験の少ない先生でも子どもの変化にすぐに気づくことができる。また，長年担任をしていても子どもたちのすべてのサインに気づいてあげられるわけではない。この学級力プロット図は，子どものサインに気づくための大きなツールになる。

（5）スマイル・アクション

　今後の具体的なスマイル・アクションについて話し合った。中学年では担任の思いや願いを出しながらアクションを一緒に決めていったが，高学年では自分たちでアクションを作りあげたという実感が大切である。子どもたちは，廊下に並ぶときに係が持つ「静かにカード」を作ること，教室移動のときは1分以内で準備をする「1分タイマー」を計ること，毎日の振り返りに「人の話を聞く」という欄を作ることなどを決めた。

（6）第2回学級力レーダーチャート（7月）

　「毎日のめあて」は必ず行っているため，「目標」や「改善」の数値は大きく伸びている（図4）。しかし全体を見てみると，数値の変化が少ない。日々がバタバタと過ぎてしまい，十分にスマイル・アクションを実践することができなかったことが原因として考えられる。

　子どもたちも数値の上昇と日々の様子を結びつけて発言するなど，具体的な実践を継続することの大切さを感じているようだった。ここから子どもたちのスマイル・アクションへの意識に変化が見られるようになった。

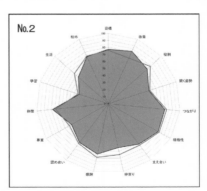

図4　第2回学級力レーダーチャート

（7）第2回学級力プロット図（7月）

　学級力プロット図は，前回までの結果と比較して表示することができる（□が前回の位置，○が今回の位置）ため，個人の動きが一目でわかる（図5）。左下の第3象限の領域から出た子が3人いた。この子たちに話を聞いたところ，友だち関係の安定など学級への安心感を少しずつ得てきている様子だった。気になるのは右上の第1象限から大きく下がってきた子である。この子に話を聞くと「なんとなく……。ぼくじゃないけどケンカしている子もいるし……」ということだった。この子は教室移動の際に1分タイマーを押す仕事を自分から引き受け，一生懸命がんばっている。友だち関係も安定しているように見える。一生懸命やって

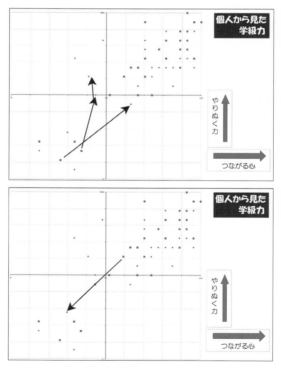

図5　第2回学級力プロット図

Ⅱ　学級力プロット図活用術

いるのにみんなは思うように動いてくれない，ときどきトラブルも起きている。そういうところに不満を抱いているようだ。ずっと左下の第3象限の領域にいる子たちも，友だちとのトラブル，習い事のトラブル，友だちの輪が広がらない寂しさなどを抱えていた。やはり，子どもたちの心理状態が学級力プロット図に現れる。丁寧に話を聞き，担任が間に入ってトラブルを解決したり，周りの子に声をかけて一緒に遊ぶ機会をつくったりした。その後も継続して様子を観察したり声をかけたりした。

3　2学期の取り組み

(1)スマイル・アクションの検証(9月)

　1学期のスマイル・アクションは，自主的に取り組む子が中心の活動になり，子どもたちの間にも温度差があった。学級全体で取り組むからこそ子どもたちに一体感が生まれ，子どもたちは自分も学級の一員であるという自覚をもつようになる。そこで1学期に話し合った4つの活動について，一人ひとりが自分の担当を決め，自分たちで活動内容と方法を考えるようにした。

①仲良し大作戦	・朝の会にペアトーク（グループトーク）をする。 ・名刺交換をする。 ・みんな遊び，お楽しみ会をする。
②並べ並べ大作戦	・1分間タイマーで計る。
③聞いて聞いて大作戦	・ふり返りカードに項目を追加し，チェックする。 ・友だちの意見をノートに書く。
④先生いないいない大作戦	・先生がいないときにも集中してがんばれたらシールを貼る。 ・10分間集中タイムを計る。

　グループごとに活動を計画し，一人ひとりが役割をもつことで，各々が意欲的に取り組み，友だちの活動にも進んで協力するようになった。活動は習慣となり，安心して子どもたちに任せられるようになるまで成長した。

（2）名刺交換

　「仲良し大作戦」のグループの子たちは，みんなが仲よくなるために「名刺交換をしよう」というスマイル・アクションを考えた。子どもらしい楽しい発想である。名刺の渡し方については，「隣同士」や「ペアを作って」といった意見が出た。「自由にペアを作って渡そう」という意見が出たときに，ある男の子が「自由にペアを作ると，ひょっとするとうまくペアになれない子が出てしまうかもしれない。仲よくなるために名刺交換をするのに，ペア作りで悲しい思いをする人が出てしまったら，この活動の意味がない」と発言した。その発言を受けて，他の子が提案した「全員が輪になって，隣の人に回していく。一周して全員の名刺を見たら，教室に掲示する」ことに決まった（図6）。

　私は常々，学級全体で行う活動において悲しむ子が出てきてはいけないと子どもたちに言い続けてきた。誰かが喜ぶ一方で一人でも心が傷つく子を出すような活動は，しない方がましである。そんな思いが子どもたちに伝わっていたことが何よりうれしかった。

図6　仲良し大作戦「名刺交換をしよう」

（3）第3回学級力レーダーチャート（11月）

　ほとんどの項目で最高値を記録した（図7）。しかし子どもたちは「上がったけれど数値としては低い」と言い，「もっと数値を上げたい」とさらに前向きになった。現在行っているスマイル・アクションが順調であること，まだ「学習」や「聞く姿勢」に課題はあることから，みんなで

協力しながら引き続き継続してスマイル・アクションを行っていくことを確かめ合った。

（４）第３回学級力プロット図

　右上の第１象限に集まるようになり，学級が安定してきた様子を表している（図８）。このプロット図では，左下の第３象限にいる子だけでなく，左上の第２象限にいる子も要注意である。左上

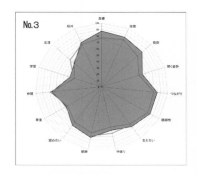

図７　第３回学級力レーダーチャート

には「やるべきことはできているが，楽しくない。安心していない」と思われる子たちが入ってくる。この子たちと話す機会を設けたところ，いつも一緒にいる友だちとの間に距離を感じているなど，主に人間関係においてそれぞれが満たされない思いを抱えていた。丁寧に話を聞き，個別に対応した。

　第３象限に一人の子が留まっている。この子は，３回続けてこの領域に入っている。自分の思いを表現することが苦手でストレスをためやすい。

　このときも友だち関係で悩みを抱えていた。そこで，自分の思いを上

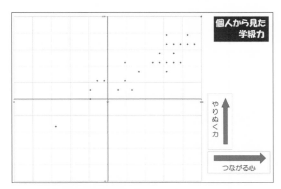

図８　第３回学級力プロット図

手に伝える方法を教え，相手の子と話す機会を設けた。ときどき私が言葉を補いながらではあるが，自分の思いを伝えることができた。

😐 5 3学期の取り組み

（1）第4回学級力レーダーチャート（2月）

第4回の学級力アンケートをとり，スマイルタイムをしようとしたところで，新型コロナウイルスの影響を受けて休校になった。レーダーチャートはゆるやかな円を描き，子どもたちの一年間の成長を表しているように感じた（図9）。

子どもたちもきっと，自分とクラスの成長を感じているだろう。

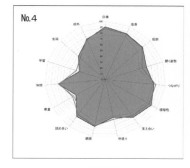

図9　第4回学級力レーダーチャート

（2）第4回学級力プロット図（2月）

左下の第3象限の子がいなくなった（図10）。ずっとこの領域に留まっていた子も，第1象限に移動した（矢印）。しかしこれで子どもたち

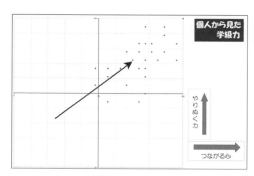

図10　第4回学級力プロット図

の悩みがなくなったわけではないだろう。ここにサインとして現れていない子がいるかもしれない。担任としては，安心することなく気を引き締めて見ていきたいところである。

　また，今回すべて「4」を付けた子がいた。この子は，右上の領域の頂点の位置になる。すべて「4」を付けるということは，すべてに満足している可能性があるが，思考が停止している場合もあることに留意しなければならない。今回のアンケートではなかったが，適当に「4」を付けている子がいれば，注意が必要である。

おわりに

　新型コロナウイルス感染症の影響によって突然訪れたお別れの日。次の日から休校になるというその日に，子どもたちはサプライズで歌を歌ってくれた。黒板には多くのメッセージが書かれ，寄せ書きのプレゼントまで用意されていた。

　新しい学校，新しく出会う同僚，そして新しく出会う子どもたち。不安を抱えた4月のスタートから一年。日々の授業を大切にし，学級力レーダーチャートと学級力プロット図を活用しながら，一人ひとりが安心して過ごせる教室をつくろうと子どもたちと共に試行錯誤してきた。

　子どもたちに寄り添い，子どもたちが「わかった」「楽しい」と思えるような授業をすること。クラスのよさと課題を見つめて，自分たちで決めたことを，自分たちで続けていくこと。よいことも悪いことも話し合うこと。そうした取り組みを行いながら，担任は学級力プロット図を用いて課題のある子どもたち一人ひとりに丁寧に寄り添うことで，一年前とは全く違った子どもたちの顔を見ることができるようになった。「先生，今までで一番楽しいクラスになりました。休校に入るのは悲しいです」とまで言ってくれた子たちに，感謝の気持ちでいっぱいである。

　最後に，ビー玉貯金のビー玉を一人1つずつ配って，お別れとなった。今も会うたびに「先生，今もあのビー玉大事にとっているよ」と言ってくれる子がいる。私にとっても忘れられない一年間になった。

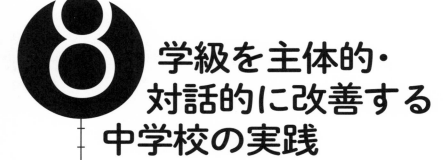

8 学級を主体的・対話的に改善する中学校の実践

川村朋也

はじめに

　中学校の3年間は，生徒が大きく成長する時期である。学級づくりにおいて，担任が中心となって，手をかけて教えて育てる1年生の段階から，先生の手を離れ，生徒が主体となって学級を組織できる段階へと変わる。そのような成長を促すためにも，学級力向上プロジェクトが効果的であると考える。

　学級力向上プロジェクトのよさは，次の3点にある。

① 学級のすべての生徒の意見を反映した視覚的にとらえやすいレーダーチャートがある。

② アンケートの質問が，よりよい学級の指針となる内容である。

③ 個人のアンケート結果から，一人ひとりの考えを知ることができる。

　生徒が主体となって学級を組織できるようにするには，③の生徒理解が重要である。レーダーチャートは学級のすべての生徒の総意のため，個人がどのように学級をとらえているかを知るには，個人のアンケート結果（表1）を確かめることが必要

表1　アンケート結果の変容例

	回	第1回	第2回
安心力	認め合い	4	2
	尊重	4	1
	仲間	4	3
	平等	2	1

である。すべての生徒の数字を１つずつ確かめることは容易ではないが，学級力プロット図を用いれば，生徒一人ひとりの学級に対するとらえ方をすぐに確認することができる。さらに，他の教員と生徒の様子について話し合う際にも，生徒の状態や変容をつかみやすいため，活用する資料としても有効だと考える。

1 学級力プロット図を活用した中学３年生の実践

（1）第１回学級力アンケート

　４月に第１回の学級力アンケートを行った。前年度の充実感と新たな学年への期待感もあり，すべての生徒が学級力プロット図（図１）の第１象限に入った。

　生徒たちは学級力レーダーチャート（図５：実線）と，各領域のレーダーチャート（図２）を基に話し合い（スマイルタイム）を行った。各領域を比較して「規律力」が低いことを確認し，「規律力」のレーダーチャートから「整理」と「学習」が課題であるととらえた。また，学級力レーダーチャートでは課題が見えてこない「達成力」についても，領域のレーダーチャートから

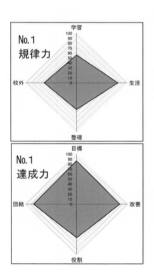

図２ 「規律力」「達成力」の
レーダーチャート

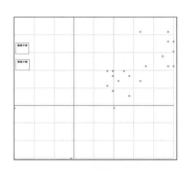

図１　４月の学級力プロット図

図3 「学習」と「役割」の
スマイル・アクション

図4 「整理」のスマイル・ア
クション

「役割」の低さが課題だととらえ，改善するための方法（スマイル・アク
ション）の掲示物を作成した。生徒は改善に向けて，内容ごとに意識す
ることができるように，「学習」と「役割」の改善策は黒板横の掲示ス
ペース（図3）に，「整理」の改善策は，ロッカーの上（図4）に掲示す
る姿が見られた。

（2）第2回学級力アンケート

　6月上旬の体育祭，中旬の修
学旅行と，中学生にとって大き
な2つの行事が行われた。修学
旅行後に学級力アンケートを行
い，レーダーチャート（図5）
を作成した。生徒の話し合い
（スマイルタイム）を行う前に，
学級担任と私を含めた同学年所
属の2名の教員（以下，学年）
で，話し合いを行った。

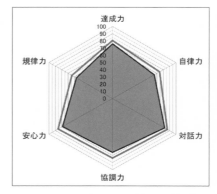

図5 4月（実線）と6月（網かけ）
の学級力レーダーチャート

川村：学級力アンケートのレーダーチャートの今回と4月にとった
　　前回とを見比べて，どう思いますか？
担任：全体的にかなり下がっていますね。最近の様子から見ると

Ⅱ　学級力プロット図活用術

思っていたとおりですが，生徒も同じように感じていますね。

学年：でも，各項目を見てみると，4月のアンケートから改善しようと取り組んできた3つのうちの2つ「達成力」の「役割」と「規律力」の「整理」は上がっていますね（図6）。

担任：確かに。でも，やはり残り1つの「規律力」の「学習」は下がっていますね（図6）。進路を意識している生徒からすると，授業中の落ち着かない雰囲気が気になるのでしょうね。

学級力レーダーチャートでは，4月に行ったアンケートの結果より，すべての領域のスコアが下がっていた。しかし，各領域のレーダーチャートも確かめることで，＿＿＿＿＿（波線部分）に気づくことができた。実際，学級では体育祭や修学旅行での人間関係のトラブル，進路や勉強に対する焦りや不安などのさまざまな悩みを抱え，落ち着かない雰囲気であり，学級担任もそのような様子を心配していた。担任は改善すべき項目について，今後の

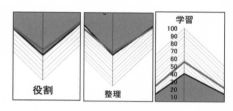

図6 「役割」「整理」「学習」の
　　　レーダーチャート

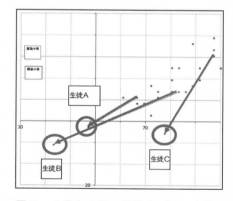

図7　4月と6月の学級力プロット図

進路に向けた取り組みとして，「学習」とも思ったが，人間関係の修復を第一に考えて，「協調力」を選択することにした。

　その後，学級力プロット図（図7）を基に，生徒一人ひとりの学級のとらえ方を確かめながら，同様のメンバーで話し合いを行った。

学年：もしよかったら，生徒Aは，私に気さくに話しかけてくるので，声をかけてもいいですか。

担任：助かります。聞いてもらってもいいですか。生徒Bは，理科の授業を苦手として，よく質問に来てくれているので，その機会を生かして話を聞いてみます。

川村：他の生徒は大丈夫ですか。

担任：右下の第4象限にいる生徒Cも心配です。努力を重ね，学力も付いているので，肯定的な声かけを行っているのですが，担任だから言っていると思って，自分を認めることができないんです。

川村：自己肯定感が低くなってしまっているんですね。わかりました。みんなで認める声かけを行っていきましょう。

　生徒Aには担任以外の学年が話を聞いたり，生徒Cについては，全員で声をかけたりするなど，生徒への対応を学級担任だけで行うのではなく，他の教員やスクールカウンセラーのサポートを得ながら，関係改善に向けていくことで話がまとまった。

生徒A　級友との人間関係に悩んでいたため，修学旅行での班行動に戸惑いがあった。去年までの担任との指導の違いに理解は示していてもなじむことができなかった。

生徒B　去年までの担任との指導の違いに理解は示していてもなじむことができず，特に体育祭での担任の学級委員やクラスへの指導について悩みを抱えていた。

生徒C　進路の不安から自己肯定感が低下してしまっていて，人間関係においても，周りにうまく溶け込むことができていないと思っている。

　担任は生徒A・Bとの関係を改善するために，各生徒が日々の持ち物や今日の記録を記す生活ノートにコメントをした。また，休憩時間には教室に行き，タイミングを見つけて会話の輪に入るなど，積極的な対応を行った。それにより，理科の質問に来た生徒Bから「昨年度の担任と

の違いから，学級への指導で納得がいかず，反発していた」という話を聞くことができた。生徒Bは，自分の内面について打ち明けたことで，担任やその他の生徒との関係が好転していった。

　また，生徒Aは，学年所属の教員には気さくに話しかける姿が見られたため，その教員から時間があるときに悩みを聞くことを伝えると，まんざらでもない様子だった。そこで，授業後や休憩中など時間があるときに別室で話が聞ける機会を用意すると，級友との人間関係や進路の悩みなど，さまざまな悩みを打ち明ける様子が見られた。

　また，生徒Cは進路の不安から自己肯定感が下がってしまったことで，人間関係についても悩みを抱えていた。そのため，学年職員で肯定的な声かけを行うだけでなく，教科担任の先生にも協力を仰ぎ，授業の場面でも認める発言を行っていった。それにより，生徒Cの否定的な発言も減っていき，級友との関係もよくなっていった。

　7月に第2回のレーダーチャートを基に話し合い（スマイルタイム）を行った（図8）。学級担任と学年所属の教員とで話し合ったときの内容と同様に，「規律力」の「整理」，「達成力」の「役割」の高まりを実感している様子が見られた。

　その後，進路意識の高まりから定期テストに向けて教え合う姿が多く見られるようになり，それに伴い，1学期にあった人間関係のトラブルも落ち着きを取り戻していった。

　2学期も中盤に差しかかった後期において，新たな学級委員を選出した。卒業に向けての大切な最後の半年ということもあり，学級の改善に向けて，積極的に声をかける姿が見られた。文化祭は3年目ということもあり，学級委員が中心となり，指揮者，伴奏者，パートリーダーなど，中心となる

図8　第2回学級力レーダーチャートを基にした話し合い

	今日の課題を達成できたか	練習時の姿勢	正確な音程で歌えたか	響く声で歌えたか	表現の工夫（強弱、表情、息使い、など）
10/21	/10	/10	/10	/10	/10
10/23	/10	/10	/10	/10	/10
10/24	/10	/10	/10	/10	/10

図9 合唱の個人の達成度を振り返る自己採点カード

メンバーで話し合いながら，合唱の練習をすすめていった。そして，文化祭に向けて学級で目標を立て，各パートに分かれて練習に取り組み始めたときのことである。学級委員が，目標達成に向けて意識を高めるための手立てを担任に提案してきた。それは，合唱の目標に向けた個人の達成度を毎日，練習後に自己採

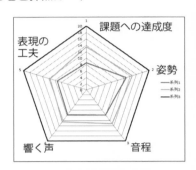

図10 合唱の達成度を視覚化したレーダーチャート

点カード（図9）で振り返り，レーダーチャート（図10）にして示すことである。毎日の練習前にパートごとに今日の課題を決め，その目標に対する達成度や，今日の取り組みに対する自己採点を行う。パートごとの集計結果と昨日との変容をレーダーチャートにして確かめることができるようにするとともに，全体のレーダーチャートもパートごとと同様の形式で作成し，達成度を視覚化させていった。

　練習を積み重ねていく中で，クラスで話し合う機会も増え，団結力が高まっていった。このように学級委員が中心となって，目標に向けて，団結して取り組む姿が見られるようになってきた。

（3）第3回学級力アンケート

　文化祭が終わった11月に，学級力アンケートを行い，レーダーチャート（図11）と学級力プロット図（図12）を作成し，同様のメンバーで話し合いを行った。

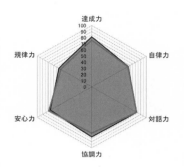

**図11　6月と11月の
　　　　学級力レーダーチャート**

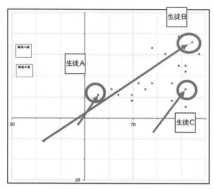

**図12　6月と11月の
　　　　学級力プロット図**

川村：学級力アンケートのレーダーチャートの今回と6月にとった
　　　前回とを見比べて，どう思いますか？

担任：ほとんどの項目が伸びていますね。学級力プロット図はどう
　　　ですか。

学年：学級力プロット図では，前回，第3象限と第4象限にいた生
　　　徒が，すべて第1象限へと移動していますね。

担任：学年さんや他の先生のおかげです。ありがとうございます。
　　　生徒A・B・Cの「一人ずつの結果をまとめた個票」はどうです
　　　か。

川村：こちらです（表2～4）。どうでしょうか。

学年：各内容の数字を見てみると，「1」だった数字がすべて上がっ
　　　ていますね。

川村：よいですね。今後はどうしましょうか。

担任：進路に向けて大切な時期ですので，今後も生徒A・B・Cに
　　　は声をかけていきたいと思います。特に生徒Aの変容は学年さん
　　　のおかげであり，自分との関係が改善されたわけではないので，
　　　機会を見つけて，関わっていきたいと思います。

学年：私からも今までと変わらず，積極的に声をかけていきます。

表2　生徒A・Bの「協調力」と「安心力」の学級力アンケートの結果

生徒A	回	第2回	第3回
協調力	支え合い	3	3
	修復	1	2
	感謝	3	3
	協力	3	3
安心力	認め合い	2	2
	尊重	2	2
	仲間	2	3
	平等	1	2

生徒B	回	第2回	第3回
協調力	支え合い	2	4
	修復	1	4
	感謝	2	4
	協力	3	4
安心力	認め合い	2	4
	尊重	1	4
	仲間	3	4
	平等	1	3

表3　生徒Bの「自律力」と「対話力」の学級力アンケートの結果

生徒B	回	第2回	第3回
自律力	主体性	1	4
	時間	2	3
	運営	2	4
	けじめ	2	4
対話力	聞く姿勢	1	3
	つながり	3	4
	積極性	3	4
	合意力	2	4

表4　生徒Cの「対話力」と「規律力」の学級力アンケートの結果

生徒C	回	第2回	第3回
対話力	聞く姿勢	4	4
	つながり	1	3
	積極性	4	4
	合意力	4	3
規律力	学習	1	2
	生活	4	3
	整理	1	2
	校外	1	3

　前回の学級力プロット図では第3象限にいた生徒A・B，第4象限にいた生徒Cも第1象限に移動していた。その他の生徒においても，右上に移動している様子が確認された。＿＿＿＿（波線部分）より，担任も学年も，学級力プロット図が個人の学級へのとらえ方を確認するのに，有効だと実感しているようだった。さらに，「一人ずつの結果をまとめた個票」を基に，各内容の数字を分析する様子が見られた。

　生徒A・Bの「協調力」と「安心力」のアンケート結果（表2）について，「1」を付けていた「協調力」の「修復」や「安心力」の「平等」が，「2」～「4」に変化していた。特に，生徒Bは「尊重」までも変化していた。教師が悩みを聞いたことで，1学期の人間関係のトラブルも自分たちで修復していくことができたと考える。また，生徒Bは，「1」を付けていた「自律力」の「主体性」や「対話力」の「聞く姿勢」が「4」「3」に変化していた（表3）。これは，文化祭での学級委員が中心

となった取り組みによる成果だと考える。

　生徒Cは、「1」を付けていた「対話力」の「つながり」や「規律力」の「学習」が「3」「2」、「整理」「校外」が「2」「3」に変化していた（表4）。複数の教員からの認める声かけによって、自己肯定感が高まっていき、級友との関係においても素直に認め合えるようになったからだと考える。

😊 2 学級力プロット図を活用した　教育相談

　7月の第2回学級力アンケートと、9月中旬の修学旅行後の第3回学級力アンケートを比較した学級力プロット図を作成した。9月に行った修学旅行では、生徒が主体的に取り組むとともに、周りを助け、学級全体で楽しむ姿が見られるなど、大きな成長を感じた。そのため、修学旅行後の個人のアンケート結果にもその様子が表れてくると考えた。ほとんどの生徒は修学旅行を経て、右上に移動するなど、学級をよくとらえ

ていた。しかし、修学旅行を楽しんでいると思われた生徒Dは第1象限から第4象限に移動していた（図13）。生徒Dは、進路意識が高く、授業中の他の生徒の様子から進路意識の差を感じているものの、級友との関係は良好である。

　担任が一人ずつの結果をまとめた個票を見せて、Dに話を聞いた。

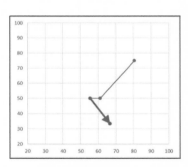

図13　生徒Dの学級力プロット図の軌跡

担任：修学旅行はよかったように感じたけど、大きく右下に移動しているのは、クラスで何かあったのかな？

生徒D：修学旅行はよかったから、安心力は高まったと思うんですけど、授業中まだ無駄なおしゃべりがあって、落ち着かないから。

このように全体のレーダーチャートには現れず，また，日常の様子からは気づかなかった生徒Dの悩みについて，学級力プロット図によって，知ることができた。一見問題なさそうな生徒が実は困っていたり，悩んでいたりすることは少なくない。学級力プロット図は，そのような課題を抱える生徒の早期発見にも有効であり，今後も生徒理解および，生徒支援に生かしていきたい。

3 成果と課題

○　学級力プロット図を用いた教師間の話し合いは，生徒理解の共通認識が図りやすいため，有効であった。
○　学年職員や教科担任に協力を仰ぎながら取り組んだことで，生徒の学級に対するとらえ方に改善が見られた。
○　学級力プロット図を用いた教育相談は，生徒にとってもすぐに見てわかりやすいため，学級のとらえ方をつかむには有効であった。
●　第2回のレーダーチャートにおける話し合いにおいて，「規律力」の「学習」における改善策を考えることを想定したが，具体的な方法を考えるまでには至らず，変容が不十分であった。

おわりに

　学級力プロット図は，すぐに生徒のおおよその考えをつかむだけでなく，生徒の変容がとらえやすくなったり，着目すべき生徒に気づいたりすることができるため，有効だと考える。学級力アンケートというツールを基に，さまざまな実践に取り組む中で，生徒理解が高まるとともに，生徒が主体的に取り組みながら，成長していく姿を感じる場面が多く見られた。大切なことは，生徒が主体的に取り組むことを見守りつつ，教師として生徒を支え，よりよい学級をつくり上げようとすることだと考えている。今後も学級力を活用しながら，生徒が学級を主体的・対話的につくり上げることができるように，取り組んでいきたい。

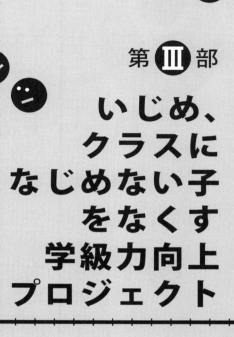

第**III**部

いじめ、
クラスに
なじめない子
をなくす
学級力向上
プロジェクト

9 低学年の子どもたちと 一緒に取り組む 新しい学級づくり

清水生恵

1 学級力向上プロジェクトを 1年生に取り組ませる意義

　幼稚園，保育園から小学校へ進学した小学校1年生の子どもたちにとって，言葉を介してコミュニケーションを取るということは大きな壁である。大人に代弁してもらわなくても複雑な感情を1年生なりの言葉で話したり書いたりできるような成長過程をたどるために，私たち教員が意図をもって子どもたち同士の相互関係を構築する工夫を仕掛けなければならない。

　学級力アンケートを行う一番の目的は，クラス全体を学級力レーダーチャートで可視化し，俯瞰的に把握することにある（図1）。学級力レーダーチャートが外側に向かって伸びていて，「100」に近づいていれば理想のクラスに近いということは1年生の子どもたちにもわかりやすい。

　今までにも学校独自で「いじめ防止アンケート」や「生活アンケート」などを行っている。しかし情報開示することはなく，教員だけが学級づくりを模索してきた。学級力向上プロジェクトに取り組むことは，児童中心の学習への転換期ではないかと考える。これからの時代を生きる子どもたちには，学級担任とクラスの状況に関する情報を共有して分

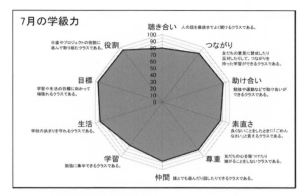

図1　学級カレーダーチャート

析する主体的な力が求められる。児童自身が学級に対して問題意識をも
ち，課題解決に向かう姿勢を培うためにアンケート結果を可視化して，
子どもたちと一緒に学級づくりに取り組むことにした。

　学級力レーダーチャートは，自分たちのクラスの状況を映し出した鏡
である。その鏡を低学年のうちから分析することを経験させ，多面的に
物事を考えたり情報を活用したりする力を身につけてほしい。そのこと
が，子どもたちの取り組みを通して居心地のよいクラスづくりにつな
がっていく。

２ プロジェクトスタートの　タイミング

　私は，小学校１年生を対象とした学級力向上プロジェクトをこれまで
に３年間実践してきた。いずれも自分で短文が書けるようになる２学期
からスタートしている。１学期は学校生活に慣れて自分のことを自分で
できるようにする期間であることと，十分に子どもたちを観察したいこ
とから実施は見送っている。

　年間のプロジェクトの実践内訳は，第１回目を２学期スタートから半
月ほどのころ，第２回目を２学期終了前，第３回目を３学期スタート時，

第４回目を３学期終了前，というように短期間に分けて概ね４回実施している。第１回目は，ちょうど運動会に向けて練習を重ねているころである。小学校で初めての運動会でお家の人に見てもらえる喜びでやる気満々である。ちょっとしたお祭り気分になりがちなこの時期だが，学習内容も盛りだくさんになる時期でもある。だからこそ，自分のことも，クラスのことも，あえて一度じっくりと見つめなおす機会をもってほしい。

　１年生はクラス文化を知り，友だちとの関係を築いていくことが必要である。そして，それを実行するのは他の誰でもない自分であることに早々に気づかなくてはならない。

　そういった点で，学級力レーダーチャートは，友だち同士の付き合い方を考えるための視覚的なツールとして１年生にも適している。

◕³ 所属集団に満足させるためのクラスの文化

　学級力向上プロジェクトに取り組む以前に，「毎日学校に行きたい」「先生や友だちとたくさんしゃべりたい」と子どもたちに感じてもらわないと学級力向上プロジェクトはそもそも成り立たない。子どもたちが自分の所属集団に誇りと自信がもてるような工夫が必要である。

　私の場合，年間を通して子どもたちが初心に立ち返ることができるような象徴的な掲示物を子どもたちと制作するようにしている。年間を通して，子どもたちが「うちのクラスはこんなことをしているよ，楽しいよ」と家族との会話で発信してくれることを期待している。そのことが保護者の安心感にもつながる。その具体例を次に紹介したい。

取り組み例　その１

「合い言葉は『あい』」（図２）

《ねらい》

　１年生にもわかりやすくて，クラスに根付く合い言葉を子どもたちと考える。この合い言葉を意識して生活することで，自制的にトラブル回

避しようとすることを目的とする。

《活動の流れ》

①言葉遊びの感覚で「○○○あい」にあて
　はまるような言葉を考える。

②発言した子どもに，どんな場面の合い言
　葉かも発言させる。子どもたちの気づき
　が広がっていく。

③発言を模造紙にまとめて掲示し，子ども
　たちと共有する。

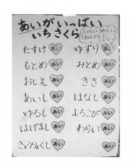

図2　合い言葉は「あい」

《子どもの声》

「改札は一人ずつしか通れないから，お先にどうぞってしないといけ
ない。だから『ゆずりあい』が大切だと思う」

「『あいしあい』神様が愛し合いなさいって言ってるから」

※本校はカトリックミッションスクール

「何か失敗したら『がんばろう』って言うから，『はげましあい』が大
切」

《子どもの反応と実践の効果》

・言葉遊びが気に入ったのか，自宅でも「○○○あい」を見つけてノー
　トに書いてきた子どもがいた。

・掃除に訪れた他学年の子どもが，自分たちでも言葉を考えている様子
　があった。

・学校生活や社会生活で意識すべき言葉を子どもたちの話し合いを通
　してクラス目標にできた。日々の生活面で気になることについては合
　い言葉を引き合いにして話し合うことができた。

取り組み例　その2

「クラスの夢の木」（図3）

《ねらい》

年度当初にこんなクラスにしたいという思いを綴る。

この先に起こるであろう，大小さまざまなトラブルにもクラス全員で

果敢に対処できるよう気持ちの拠り所と
なるようにする。

《活動の流れ》

①段ボールを切り開いて，大木（2m程
　度）を制作する。

②リーフカードに「こんなクラスにした
　い」という思いを書く。

③円形のカードに自画像を描く。

④大木にリーフカードを貼り付け，子ど
　もたちと共有する。

図3　クラスの夢の木

《子どもの反応と実践の効果》

• 教室の一角で目立つところに掲示しているので，毎日誰かが眺めてい
　る。自分のカードも友だちのカードもじっくり読んでいる。

• 人間関係上のトラブルがあったとき，個人のカードに書いてある初心
　に立ち返ることができるよう子どもたち同士で注意し合っている様
　子が見られた。

😕 4 学級力レーダーチャートの見方を身につける

　学級力アンケート項目に基づいた学級力レーダーチャートを1年生
の子どもたちがどのように見取るのが有効か，さまざまな方法でアプ
ローチしている。

　第1回目，第2回目の学級力レーダーチャートでは，これからの伸び
しろを考えて数値が低い項目に着目させることが多い。まだまだ自分た
ちには足りないものがあり，それを補うためにはどんな活動が必要なの
かを考えさせたい。

　学年の修了前には，進級を見据えて数値が高い項目に着目させて意見
を述べ合う。子どもたちが，自分たちで生活スタイルを意識しながら成
長してきたことを自覚させたい。

また，読み取るときにはグループで対話することもある。A3サイズに縮小コピーした学級力レーダーチャートを配付し，各々が気づいたことを話しながら書き込む（図4）。1枚の紙を共有して筆記することで，お互いの考えがわかる。レーダーチャートの高低の原因が1つとは限らない場合もあるため，そのことで意見を交わすこともできる。

また，レーダーチャートの特長として，過去のデータと比較できる点が挙げら

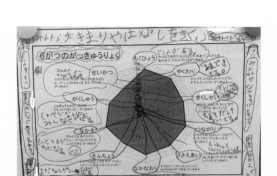

図4　グループごとに気づいたことを書き込んだ学級力レーダーチャート

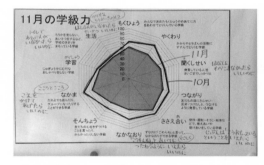

図5　前回のレーダーチャートと比較した意見を出す

れる。前回と比べてグラフが伸びる項目もあれば，前回よりも大幅に下がったり全体的に下がったりする場合もある。グラフの伸び縮みに一喜一憂することなく，冷静に分析する力が必要になってくる。

　グラフの変化には必ず原因と結果が伴っているので，各々が根拠をもった意見を述べるための資料として有効的である（図5）。

《子どもの読み取り》

・10月より11月のレーダーが小さい。なぜか。運動会が終わって気が抜けたのかもしれない。

- 「やくわり」がすごく下がって残念。決められた仕事を忘れずにできるようにしたい。
- 「生活」や「学習」はあんまり落ちていない。でも廊下を走っている人はいるので危ないから注意したい。
- 「なかなおり」が低くなったのはなぜか。悪かったと気づいても「ごめんなさい」と言わない人がいると思う。けんかしたままではだめだと思う。

5 学級力を向上させるための スマイル・アクションの事例

　学級力レーダーチャートの分析後，クラス一丸となって取り組む目標を立てる。1年生ということもあり，担任が進行する。学年が上がれば子どもたちからスマイル・アクションを提案できるように今は自分たちで取り組む経験を増やす「種蒔き段階」とする。そのため，担任がスマイル・アクションを提示し，伸ばしたい領域を伸ばすためにふさわしいか子どもたちに投げかけ，同意を得た上で決定している。

スマイル・アクション　その1
「テーマトーク」（図6）
《ねらい》
　学級力レーダーチャートの「聞く姿勢」が低いときに行う対話活動。お互いの話を最後までしっかり聞き，話の内容をつかむ。

《活動の流れ》
①3〜4名のグループでお題について一人ずつ順番に意見を述べる。聞くときはあいづちなど反応を示すことも重要視する。
②グループの中で面白かった話をベストスピーチとして全体で紹介する。

図6　テーマトーク

《ベストスピーチの例》

「100円持っていたら何を買いますか？」

• ソフトキャンディを買いに行く。今，歯がグラグラしていて気持ち悪いので，ソフトキャンディをグニャってかんで早く歯を取りたいからです。

《子どもの反応と実践の効果》

　子どもたちは話すことが大好きである。一人ずつ順番を決めて話すので時間も確保されていて安心感がある。友だちの顔を見て話を聞き，あいづちを打ち，どんな意見も受容する態度を養うことができる。この活動を行うことで，授業中に意見を述べる子どもの方に自然と体が向くようになった。

スマイル・アクション　その2

「クラスキャラクター作り」

（図7）

《ねらい》

　学級力レーダーチャートの「生活」が低く，クラスの雰囲気を一新したいときに取り組む。クラス独自のキャラクターをデザインし，キャラクターを

図7　クラスキャラクター作り

代弁者にして吹き出しセリフを考える。

《活動の流れ》

①オリジナルキャラクターを各々デザインする。

②クラスキャラクターとしてふさわしいと思うデザインに投票する。

③決定したクラスキャラクターをデジタルデータ化する。

④パソコン教室でお絵かきソフトを使って生活安全ポスターを制作する。

⑤子どもたちの作ったポスターを教室や廊下に掲示する。

《子どもの反応と実践の効果》

• キャラクターデザインという取り組みに子どもたちは意欲を見せた。

一人でいくつも考える子どももいた。
- 自分たちで作った生活安全ポスターを立ち止まって見ることで，廊下を走る人が減少した。

スマイル・アクション　その3

「いいねBOX」（図8）

《ねらい》

図8　いいねBOX

学級力レーダーチャートが全体的に低く，規範意識が薄れているときに実施する。目に見える形で子どもたちのがんばりを評価する。

《取り組みの流れ》

①全員が意識して実践できる目標を決める。

例：「廊下は歩きます」「チャイムを聞いたら席に座ります」

②必要なときに全体を評価し，ボールを箱に入れる。

《子どもの反応と実践の効果》

- 目に見える形で評価（ボール）が増えるとうれしいらしく，子ども同士で「座ろう」「静かにしよう」と声をかけ合う様子が見られるようになった。

スマイル・アクション　その4

「きらりニュース」（図9）

《ねらい》

図9　きらりニュース

学級力レーダーチャートの「尊重」「支え合い」「仲間」が低いときに，友だちの良心的な行為に意識的に目を向けさせる。

《取り組みの流れ》

①友だちのよいところ，してもらってうれしかったことを報告する。

②ホワイトボードに具体的な様子を担任が書く。

《子どもの反応と実践の効果》
- 授業中や休み時間などに友だちのよいところを見ようとする。
- 名前を挙げられると気恥ずかしいがうれしいので，よい行動を続けようとがんばる姿が見られる。

6 これから１年生を担任する先生方へ

　５歳や６歳の子どもと意思疎通するにはしばしば困難があったり時間を要したりする場合がある。そんなときには決まってあちらこちらでトラブルや仲間外れが起こる。それらを回避すべく学級力向上プロジェクトで先手を打つべきであると私は考える。学級力レーダーチャートを「読む」ことで心の新たな読み取りスイッチがオンになり，子ども同士の関係が深まる。

　また，学級力レーダーチャートを基に子どもたちが自ら危機感を抱いたり解決方法を提案できたりすれば，担任としての日々の授業やクラス運営にも余裕ができる。当然子どもたちにも他人を気づかう余裕ができる。

　実際，体育の跳び箱運動で失敗し，感情が抑えられずに泣きわめく子どもに対し別の子どもが「○○君，悔しいんやろ？　私もそういうことあったで」と代弁したり，目先のことが気になって作業が進まない子の側に行き，「○○ちゃん，今はそれをするときちゃうで」と担任の代わりにやさしく指摘したりする頼もしいリーダーも現れた。定期的なアンケートを行い，レーダーチャートを子どもたちが診断してスマイル・アクションにつなげているからこそ，子どもたちが自ら進んで行動を起こすようになったと考えられる。

　１年生らしい従順さと柔軟な発想は何度担任しても楽しいものである。ぜひとも学級力向上プロジェクトを柱にして子どもたちと共に学級づくりを楽しんでもらいたい。

10 学年で一体となって取り組む学級力向上プロジェクト

藤井幸一

はじめに

　4年3組の担任で学年主任を務めた当時の私は，担任歴10年目，学年主任歴2年目の教員であった。同じ学年には，担任歴3年目の男性教員と2年目の女性教員がいた。どちらも自分の考えを明確にもっている教員だ。

　この一年，学年経営や学級づくりを進めていく上で，最も大切に考えていたことは，一体感であった。その理由が2つある。1つは子どもたちの中には，意地悪をする子や集団に入りにくかったりする子，特別支援学級に在籍している子など，さまざまな課題を抱える児童が多数いた。これらの児童がお互いに認め合って，成長していくためには一体になることが必要だと考えた。そして一体感が高まることで，子ども同士の関わり合いがより深いものになっていくであろうと考えた。もう1つは，教員間そして保護者との一体感を大切にしたかった。教員同士が一体になって学年づくりをすることで，子どもと関わってつながる力や学年・学級経営力がつくであろう。また，教員同士の一体感を子どもたちによいお手本として示したかったからだ。そして保護者とも積極的につながろうとすることで，子どもの実態把握やよりよい指導につながる。このように，子どもと教員，教員と教員，保護者と教員，とみんなが一

体感をもって，一年を過ごすことで，大人も子どもも成長できるだろう と考えた。

　そう考えたときに，学級力向上プロジェクトを学年で取り組むことが ふさわしいと判断した。一体感の評価を常に行いながら取り組めると考 えた。

1　1学期の実践

　子どもたちが一体感をもつために大切なことは，具体的に関わり合う ことである。課題のある子も周りの子も支え合い，いじめやクラスにな じめない子をなくしていくことが必要だと考えた。

（1）学年の一体感をつくる一体カウンター

　学級づくりのスタートである，学年開きや学級開きをするにあたっ て，まず大切にしたいのは，学年団の教員のめざす子ども像が明確であ ることである。4月最初の学年会議で，まず学年目標を話し合って，「に ほんいちの4年生」に決まった。本気になることと一体感を育むことを 大切にしようという意味を込めた。

　そこで，学級力向上プロジェクトの魅力を2人の教員に伝えると，「お もしろそう」「クラスのことがわかりやすそう」「子どもの実態を話しや すそう」と話してくれた。このように，学年団で，わくわく感を高め， 連携しながらやっていけそうだと感じてスタートすることが，子どもた ち同士の関わりをすすめていくための，教員の心構えになるのではない

かと感じた。子どもたちの一体感を見える形 にするための道具として，カウンターを用意 した。名付けて，「一体カウンター」である （図1）。

　子どもたちが一体になれたときに，カウン トを増やす。つまり，子どもたちが一体にな れたときに評価する道具として用いること

図1　一体カウンター

で，一体になれたのがわかりやすく，子どもたちの関わり合いを積極的にすすめる原動力にもなると考えた。各クラスに1つカウンターを用意し，各クラスで一体になれたらカウントするのを基本とし，学年の行事などあれば，学年が一体になれたらクラスが一体になったときよりもカウントを多く設定した。一体になれたかどうかは，基本的には教員が判断するが，子どもたちが判断する場面もつくった。

（2）学級力アンケート，スマイルタイム，スマイル・アクション

　私が担任した学級の4月の学級力アンケートの結果は図2のようになった。特別活動でスマイルタイムを子どもたちに任せると，低い点数である「学習」に着目していた。そして点数を上げるために何をしようか？と問うと，さまざまな意見が子どもたちから出た。その中で誰にでもできそうなことを子どもたちが話し合った結果，図2の①〜④のことに集約された。これらを決めるときに気をつけたことは，誰でも簡単にできそうなことである。誰でもできそうなことにすると，みんなで協力しやすいので，一体感が生まれる。

　教師の関わり方としては，決めたからといって，子どもたちを見守るだけでは，十分な関わり合いの育ちは見られないだろう。スマイル・アクションができているときにはほめ，自分でメリハリをつけるのに継続できていたり，机に付箋を貼って目標を書いて忘れないような工夫をしたりできている児童は特にほめ

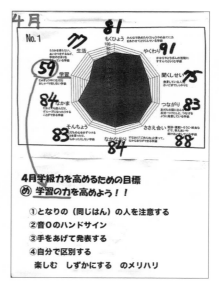

図2　4月の学級力レーダーチャートとスマイル・アクション

た。できていないときには理由を考えさせ，できていても相手を傷つけ
る言葉を使っていたら指導するなど，スマイル・アクションを実施して
いくときが，子どもたちを伸ばすチャンスだととらえることが大切であ
る。担任の細かい指導で子どもたちのつながりができ一体感につなが
る。また隣のクラスの話をすることで先生同士の一体感を見せたり，子
どもたちのやる気につなげたりした。

（3）はがき新聞

　1学期の終わりには，クラスを振り返って，一体感を中心にはがき新
聞を書いた。2人のはがき新聞には，クラスのみんなに呼びかけている
部分があったり，みんなで協力できたことが表れている（図3）。このよ
うなはがき新聞を教室の背面に掲示し，子ども同士で見合うことで，自
分たちの一体感について，2学期さらに追究していけるようにした。

図3　1学期の振り返りはがき新聞

⌣2 2学期の実践

（1）学級外他者によるチェックで一体感を共有

9月にアンケートをし，スマイルタイムを行うと，4年3クラスとも「生活」の項目で低い点数となった（図4）。

1学期にも，月に一度ほど学級力のレーダーチャートを見合ってきたが，点数の低い部分が各クラスで似

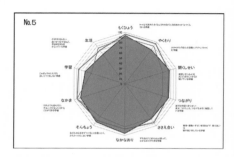

図4　9月の学級力レーダーチャート

通っていても，それぞれのクラスでスマイル・アクションを考えて行ってきた。それぞれのクラスでも効果は表れるが，学年である程度スマイル・アクションをそろえると，学級力の点数にも表れるのではないかと考えた。各クラスでスマイルタイムをしたときに，どのクラスも「生活」の点数が低かったので，子どもたちに理由を問うと，どのクラスからも掃除に関する意見が出た。そこで図5のようなチェック表を担任が提案し，4年全体で使うことも伝えた。「掃除チェック表」は，どの程度

図5　掃除チェック表

Ⅲ いじめ、クラスになじめない子をなくす学級力向上プロジェクト

掃除できたか毎日チェックし，自己評価しシートに記入する。そして帰りの会で報告し合って，どの掃除場所もがんばれていたら，一体カウンターのカウントを増やすという仕組みだ。もう1つ工夫したのは，週に一度隣のクラスの先生にチェックしてもらう日をつくった。「先生たちの一体を見てもらうよ」と担任から提案した。掃除をする子どもたちを担任以外が評価することにより，より細やかな指導につながると考えた。さらに，子どもたちのやる気につながったり，教員の連携につながったり，教員の一体を子どもたちに示すことができると考えた。わかりやすいチェック表や担任以外が掃除を評価することは，教師がすすめなければ子どもの発想ではなかなか難しい。特に掃除の評価は教員が行う方が子どもたちの緊張感につながる。さらに，掃除中の子どもたちの様子を担任同士で話し合うことで，小さなトラブルに気づき，早く対応できたこともある。このスマイル・アクションは功を奏し，「生活」の点数はどのクラスでも上がっていった。実際に子どもたちは，いきいきと掃除をする習慣が身につき，声をかけながら行っていた。

（2）チェック方法を明確にし，より一体感を

　図4の9月のレーダーチャートでは「生活」の点数が低いが，それは1学期の終わりごろから続いていた。みんなでチェックし合おうとしてきたが，曖昧な方法でマンネリ化しつつあった。そこで，スマイルタイム行うと子どもたちから，「一体カウンターを使って，廊下を走っている

図6　ダメダメカウンター，ろうかチェック隊，啓発ポスター

子を数えるのはどう？」「廊下にいてチェックしたい！」という意見があった。

　図6のダメダメカウンターは，廊下を走った子をカウントする道具で，実行していくのが廊下チェック隊だ。全員が交代しながらやってみようというところだけ担任から提案した。全員が体験することで，子ども同士の関わり合いが増えたことがよかった。おせっかいな子が強く注意しようとしていたら，やさしく言えるように指導したり，おとなしい子ががんばっていたらほめたりできた。子どもたち一人ひとりを見る視点をつくれたことで，担任と子どもたちの関係が深くなっていくことを感じた。次に，啓発ポスターは廊下チェック隊のメンバーが発案し，いすの後ろに貼って活用した。チェック隊が声を出して注意しなくても，ポスターを指さすジェスチャーをするだけで，廊下を走る児童が減った。これは，児童の関わり合いのよい方法を示すことになった。その上で，図7のように1週間の目標を付箋に書いて自分の机に貼っていつでも見られるようにした。こうすることで，2つのことをねらった。学校

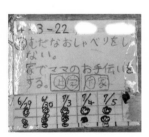

図7　付箋で目標（机に貼る）

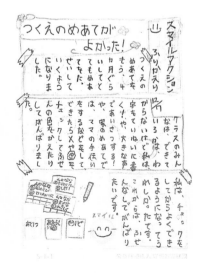

図8　2学期のはがき新聞

で目標を常に意識できることと，家での目標を設定することで，家でも目標をもち続けながら活動できることだ。家での目標を設定してがんばらせることで，保護者と子ども，保護者と担任の関わり合いもよくなっていった。付箋で自己評価したことを帰りの会で聞き，◎が多かったら一体カウンターを増やした。また，図8のようにはがき新聞に表現した。付箋と一体カウンターで，一人ひとり自分の目標をもってみんなでがんばることが一体感へつながることを子どもたちは実感していた。

（3）保護者への啓発

　4月の学年懇談会で，学級力向上プロジェクトを保護者に紹介した。そしてその後の参観でクラスに掲示したり，個人懇談会で子どものよいところを伝えるときにスマイル・アクションの成果を用いたりした。レーダーチャートを見せ，クラスの実態をわかりやすく話せるだけでなく，スマイルタイムやスマイル・アクションで活躍した児童を懇談などで保護者に伝えられたこともよかった。また学年で取り組んでいるスマイル・アクションの話から，担任同士も一体となっていることを伝えた。保護者からは，学級・学年経営はこのようにしていくのかと，納得する声も多かった。保護者が学級・学年経営に対する理解を深め，子どもと教員と保護者の一体につながっていることを感じた。

3 3学期の実践

（1）一体感を実践する場としての「子ども大会」

　3学期には，子ども大会という学校行事があった。これは，すべてのクラスがお店を出して，みんなでまわって楽しむというお祭りである。この行事は，学級力が高まるよい機会になると考えた。学級力を高めるためには，一体になること。そして一体になるには個々の努力とみんなの協力。それらを高められる取り組みは何かと子どもたちが話し合いをすすめ，4年3組は劇をすることになった。劇の練習をすすめる中で，子どもたち同士で劇を見合う場を担任がつくった。すると子どもたちは

アドバイスしたり，よかったところをほめたりしていた。厳しいことを言い出す子どもがいたので，それをほめると厳しく指導し合う場面が増えた。子どもたちの一体感はかなり高まっていたので，厳しさをもって関わり合うことでさらに強い一体感へつなげられるようにしたいと私は願った。厳しく言い合った後は子どもたち自らフォローし合っていた。厳しい言葉に弱気になってしまう児童Aもいた。引っ込み思案だったAは，周りの友だちの支えもあって，主役に抜擢された。しかしなかなか大きな声が出せず，厳しい言葉で助言を受け，泣いてしまった。その後，「練習に付き合うから大丈夫」と周りの友だちが時間を見つけて一緒に練習するようになった。練習することでAは自信をつけていき，立ち直っていった。そして，当日やり遂げた瞬間，みんなでたたえ合い，興奮冷めやらぬうちに，達成感を言い合った。その中には「つらいこともあったけど，がんばって成功できてとてもうれしい」と泣きながら発表する児童Aがいた。拍手喝采だった。このように，学級力をさらに高めていくには，厳しく関わり合うことも大切だ。そこでは，担任も厳しさを見せたり，やさしくフォローする姿を見せたりして，子どもたち同士

118

の関わり合いをレベルアップさせていくお手本を示す必要がある。その結果，図9のようなレーダーチャートになった。そして，達成感をはがき

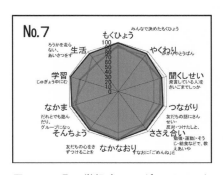

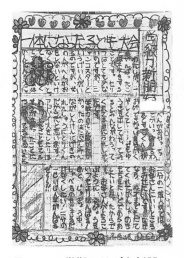

図9　2月の学級力レーダーチャート　　図10　3学期のはがき新聞

III いじめ、クラスになじめない子をなくす学級力向上プロジェクト

新聞に表現したのが図10である。

（2）学年の一体感を確かめる最後のスマイルタイム

　　最後のスマイルタイムでは，今年一年間のレーダーチャートを振り返って，学年目標である「にほんいちの４年生」にどれだけ近づけたか考えさせ，話し合わせた。

　　図11は個人で考えたワークシートで，これを持ち寄って，クラス全体で交流した。ワークシートでは，ほとんどの児童が図11下のように，「にほんいちの４年生」になれたと書いていた。しかし数名は図11上の

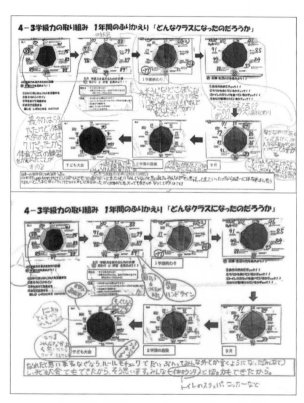

図11　１年間の学級力レーダーチャートを振り返って（個人で）

ように，「にほんいちの4年生」になれていないと書いた。その理由を子どもたち全員に考えさせ，聞いていくと，「100点ではないということは，一人でも一体になれていないと思う人がいるから」「最後のレーダーチャートはどの点数も100点に近かったからなれた」「子ども大会で協力できて，一体カウンターをたくさん増やせたからなれた」「おしいところまでいってるんだけど，100点ではないので，あと少しなれなかった」とさまざまな意見が出た。何度もアンケートを実施してきて，100点をとるのがいかに難しいか，感じてきた子どもたちである。それでも妥協はしない。そういうたくましさをもった児童が数名現れたことは，子どもたちが関わり合って成長してきた証だ。

おわりに

　学級力向上プロジェクトの中でも，学級力レーダーチャートはクラスの実態を把握・分析するのにすごく使いやすい。点数ばかりに目がいきがちだが，そうではなく，なぜ低かったり高かったりしたのかをまず教員同士で探ってみることが大切だ。その話し合いには，必ず子どもの実態と教員の指導内容が出てくる。子どもの実態を踏まえ，よりよい指導が継続できるよう，教員同士でアイデアを出し合い，認め合い，指導し合いながらすすめていくことができるのが学級力向上プロジェクトだ。その教員同士の協働がまさに一体感である。その結果，小さないじめから大きないじめになる前に対応し，いじめをなくしていくことができた。担任している子どもたちだけでなく他のクラスを見合ってコミュニケーションをとることで，クラスになじめていない子どもを見つけ，いち早く対応できた。教員同士の一体感がいじめを解決できたり，クラスになじめない子を減らしたりできるのである。この子どもたちの集団の中では，なじめない子が出てきても，みんなでフォローし合えたり，注意し合えたりできた。その子どもたちには強い一体感が存在する。学級力をより確かなものにし，学校力へと高めるために，学年で一体になることの大切さを意識して今後も取り組んでいきたい。

「規律づくり・
居場所づくり・絆づくり」
を基盤とした学級づくり

坂本登紀子

1 学級力向上プロジェクトとの
出会い

　天草市小・中学校教職員研修会において，田中博之教授が講師として
おいでになり，「各教科の『深い学び』を生み出す学級づくりと家庭学習
のあり方」の演題でご講話をいただいた。その中で紹介されたのが，ア
クティブ・ラーニングの基盤を形成する学級づくりとしての取り組みの
1つである，学級力向上プロジェクトであった。

　当時の本校の研究主題は，「わかりやすい授業づくりを通した『生きる
力』の育成のための実践的研究〜主体的・対話的で深い学びの実現を目
指して」と設定し，研究の視点として，視点①「主体的・対話的で深い
学びを生む授業づくり」，視点②「規律づくり・居場所づくり・絆づく
り」，視点③「連続性のある多様な学びの場づくり」を挙げていた。視点
②「規律づくり・居場所づくり・絆づくり」を基盤とした支持的風土が
学級にあってこそ，主体的・対話的で深い学びを生む授業が成り立つと
いう理念で研究をすすめていた。学級力向上プロジェクトが本校のめざ
している方向性と一致していることを確信し，今後校内研修の中に取り
入れていきたいと思った。

😐2 みんなでGrow up！

　4年生という学年は，中学年としてのあどけなさも残しつつ，高学年の落ち着きも出てくる時期である。32名の児童との出会いの印象は，「目が輝いている」ことだった。こちらからの問いかけに対する反応がよく，これから始まる一年間がとても楽しみに感じた。反面，元気な反応を見せる児童の少し後ろで遠慮がちにしている児童や，クラス替えによって不安そうな表情をしている児童がいることも気になった。これから一年間で，児童同士で支え合い高め合いながら，全員が輝くような学級に成長していってほしいと思った。そういった思いを込めて，学級テーマ，学級通信タイトルを「Grow up！」とすることを伝えた。

😮3 学級力向上プロジェクトの具体的実践

　学級力アンケートは，年5回実施した。学級力向上プロジェクトに校内研修を通して全校で取り組んでいこうと決定したのが5月だったので，プロジェクト開始が6月になった。この年度の課題として，スマイルタイムの時間の設定が挙げられた。すでに総合的な学習の時間や特別活動の年間計画作成後の決定だったため，朝自習や朝の会・帰りの会の時間を活用したり，学級活動の時間を特設したりして，各学級で工夫をしながら行う一年間であった。

　年度末の教育活動の振り返りの中で，この一年間のプロジェクトの手応えを感じ，今後もぜひ校内で取り組みを続けていきたいという声がほとんどであったため，次年度は，スマイルタイムを学級活動の中に5時間位置づけるようにした。また，必要に応じて，朝自習の時間などを活用していった。

（1）第1回学級力アンケート（6月第1週）

　第1回は，児童に対し，アンケートの意義を学級担任が詳しく話した。自分自身ができているかという自己評価ではなく，自分の学級がどうで

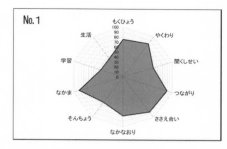

あるかという視点で項目に沿って評価することをしっかりと押さえた上で実施した。また，アンケート項目の意味を理解できるよう，10項目を1つずつ読み上げながら評価していくようにした。

図1 第1回学級力レーダーチャート

翌日，図1を拡大したものを黒板に提示した。レーダーチャートは，児童にとって学級のよいところと課題点がひとめでわかり，話し合いの柱をすぐにつかむことができた。なお，第1回は担任主導で行い，第2回からは児童で構成された司会グループ（司会，副司会，ノート記録，黒板記録，タイム）が会をすすめていくことができるよう，すすめ方を確認しながら会をすすめていった。

第1回で見えた課題として，アンケート項目の「学習」と「生活」の面を伸ばしていくことだという意見が多く出た。それぞれの面で具体的に何が課題であるか，学級の現状をグループで話し合い，全体で出し合って確認した。スマイル・アクションとして児童から挙げられた意見の中には，宿題を増やす，ビー玉貯金（学級でよいことやがんばったことがあると小瓶にビー玉を増やしていく取り組み）を減らすなど，ペナルティー的な意見も出たが，意識を高めていく内容がいいという意見にまとまり，次のようなスマイル・アクションに決定した。

> 「4年3組3原則」を決め，できていないと気づいた人が「3原則！」と大きな声で言い，全員がその後に続き「あいさつ　ルール　けじめ！」と唱え，みんなで意識づけていく。

話し合った内容や取り組みは，児童がいつでも目にすることができる

よう，教室側面に掲示しておくことで意識化を図った（図2）。

（2）第2回学級力アンケート（8月第4週）

第2回は，夏休み直前にアンケートを実施し，2学期入ってすぐにスマイルタイムを行った（図3）。

第2回は，司会グループで話し合いをすすめた。話し合いでは，第1回の課題であった「学習」「生活」の項目には少し伸びが見られたものの，どの項目においてもまだ伸びがほしいという意見が出た。グループで話し合って分析をすすめていったところ，「尊重」の面が伸びないと，「つながり」や「支え合い」ができないし，友だちを尊重することが，「学習」や「生活」の数値を上げることにつながるということから，「尊重」を課題として伸ばしていきたいという意見にまとまった。

「尊重」の評価が低いことの原因として，「ちくちく言葉を聞くことがある」や「思いやりのない行

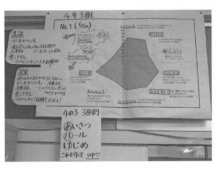

図2　第1回スマイルタイム後の掲示

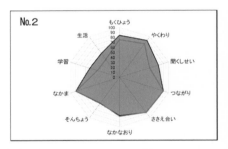

図3　第2回学級力レーダーチャート

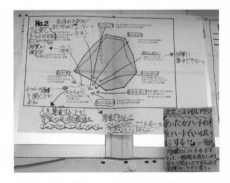

図4　第2回スマイルタイム後の掲示

Ⅲ　いじめ、クラスになじめない子をなくす学級力向上プロジェクト

動が見られる」などの意見が挙がった。友だちを大切にするには，友だちのいいところをたくさん見ようとすることが大切だという意見にまとまり，次のスマイル・アクションに決定した（図4）。

「あったかハートの木をハートでいっぱいにする！」

　たくさん友だちを見たり関わったりして，友だちのよいところ探しをする。

　第1回目のスマイルタイムの反省を生かし，今回はペナルティー的なスマイル・アクションは意見として児童から出されなかった。児童の話し合いの力の高まりと同時に，前向きなスマイル・アクションを考え出そうとする心の高まりも感じた。

　司会グループの進行は，事前に打ち合わせをしたが，途中担任がアドバイスをする場面も多く，児童だけの力で多様な意見を引き出したり，まとめていったりすることの難しさを感じた。事前の打ち合わせでは，時間配分や，予想される話し合いの流れから，どのようにまとめていくかを一緒に考えておく必要性を感じた。

（3）第3回学級力アンケート（10月第1週）

　第3回のスマイルタイムでは，なかなか数値が伸びない「尊重」（図5）をどうしたら上げることができるかについて，児童から活発な意見が出された。

　この回は，前回の反省から，司会グループの事前の

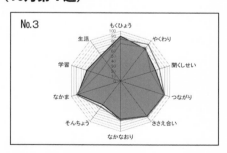

図5　第3回学級力レーダーチャート

打ち合わせに時間をかけたこともあり，話し合いがずいぶんスムーズにできるようになった（図6）。また，レーダーチャートの分析や，スマイル・アクションを考えて出し合う様子もたいへん活発になった。担任は

ほとんど様子を見守るだけ
で，児童の課題解決に向けて
話し合う力の伸びや，学級を
よくしていこうとする気持
ちの高まりを感じた。

　「尊重」がなかなか伸びな
いのは，まだ友だちを大切に
していない行動や言葉が多

**図6　司会グループ進行による
　　　スマイルタイム**

いのではないかという意見が出た。そこで，前回のスマイル・アクショ
ンであった「あったかハートの木」を一人ひとりの木にバージョンアッ
プさせようということになった。

　またこの回は，「役割」の数値が大幅に下がっていたことから，後ほど
詳しく述べる一人一役の会社活動を，これまでよりもさらに盛りあげて
いこうということになり，次の2つのスマイル・アクションに決定した。

- 「一人ひとりのあったかハートの木」をハートでいっぱいにしよ
  う！
- 全員が係の仕事をした日は，ビー玉を1つ増やそう！

　この後しばらくして，朝自習時間のスマイルタイムで，ビー玉貯金だ
けでなく，それぞれの係活動に対して「給料制」を導入しようというこ
とになり，各係活動をがんばった週は，金曜日にきらきらシールをもら
えることになった。このスマイル・アクションにより，これまであまり積
極的に活動ができていなかった係や会社の活動もずいぶん活発になった。

（4）第4回学級力アンケート（11月第3週）

　第4回では，前回のスマイル・アクションの効果が表れ，前回よりも
「役割」の数値が上がった（図7）。しかし，毎回ながら上がらない「尊
重」の数値に，児童からため息が漏れた。原因として児童から出たのが，
運動会と音楽会に向かってみんなで同じ目標に向かってがんばり，成功

III　いじめ、クラスになじめない子をなくす学級力向上プロジェクト

につながったものの，次な
る目標を定められず，意識
の高まりが低下しているの
ではないかというものだっ
た。そこで，これまで週1
日だった「全員で遊ぶ日」
を週2日に増やして，みん
なで仲よく遊ぶことを増や

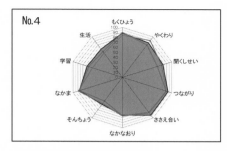

図7　第4回学級力レーダーチャート

していけば「尊重」の数値が上がるのではないかという意見が多く出て，
スマイル・アクションが決定した。

> みんなで遊ぶ日を週2回に増やして，みんなで仲よく遊ぼう！

（5）第5回（2月第2週）

　最終のレーダーチャー
ト は，どの項目も数値が
上がり，大きな形になった
（図8）。全員で喜んでいる
と，どこからともなく「ば
んざーい！」と聞こえてき
て，みんなで万歳三唱をし
て喜び合った。

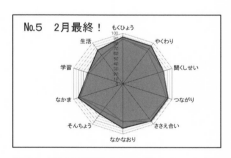

図8　第5回学級力レーダーチャート

4 主体的・対話的で深い学びを生む 授業づくりを通して

　先に述べたように，授業づくりを支える基盤としての研究の視点②
「規律づくり・居場所づくり・絆づくり」では，学級力向上プロジェクト
を中心とした取り組みを基盤として，視点①「主体的・対話的で深い学
びを生む授業づくり」の研究をすすめてきた。

授業づくりは，単元構成の工夫，課題設定の工夫，学び合いの充実の３つのポイントを意識して行った。特にここでは，「学び合いの充実」について，学級力と関連させて述べたいと思う。

本学級の「学び合い」に関する年度当初の様子としては，次のような実態が見られた。

- 進んで自分の考えを伝えようとする子どもが数名に限られている。
- 「自分の考えをもつ（書く）」力に大きく個人差が見られる。
- 話す人の方を見て聞く児童が少ない。
- 話す人に反応しながら聞く児童が少ない。

このような実態が，第１回（６月）学級力アンケートの「聞く姿勢」の低さにつながっていると考えられた（図１）。実際，第１回スマイルタイムでは，児童からも課題点として挙げられた項目であった。しかしながら，第１回スマイルタイムでは，児童が「学習」と「生活」の項目を最優先課題として挙げたことから，「聞く姿勢」については，校内研修の内容との関連を図りながら，伝えやすい，発表しやすい授業の雰囲気をつくるべきだと考え，グループ学習の充実を図ることにした。

グループで活発に意見を出し合うことができ，「聞く」態度が身についていけば，全体の場でも進んで考えを出し合い，考えをつなぎ，深め合う授業づくりができるのではないかと考えた。

そこで，すべての教科でグループ学習を積極的に取り入れるようにした。話の聞き方については，話す人に体を向けて理解した上で考えをつないでいくようにした（図９，10）。

授業での「聞く」姿勢を意識づけたことで，「聞く姿勢」の項目の高まりが見られたと同時に，ふだんの学校生活においても，友だちの話をしっかり聞いたり理解しようとしたりする「支持的風土

図９　話す人を見て「聞く」

図10　活発なグループ学習をする子どもたち

図11　授業中の挙手の様子

の高まり」につながり，学級力の向上にもつながっていったと考えられる。また，「聞いてもらえる」「受け入れてもらえる」という安心感が生まれ，それが考えを伝えようとする意欲につながり，授業中の挙手も増えていき（図11），第2回学級力アンケートでは，「聞く姿勢」の数値に伸びが見られた（図3）。

5 支え合う学級づくり　〜日常生活から〜

（1）一人一役の会社活動

　自分は学級の一員で，大事な一人だという所属感を感じながら，友だちと一緒に協力しながら学級を盛り上げるための活動として「4の3カンパニー」を作った。これは，児童が自主的に会社を設立し運営していく。例えば，友だちの誕生日を祝う企画をする「バースデー会社」，全員で遊ぶ日や内容を設定し進行していく「遊び会社」，楽しい新聞を発行する「新聞，ニュース会社」などである。仕事内容の見直しや反省会などは，朝自習の時間を使って行うようにし，学期はじめには，新たな会社

を考えていくなど，振り返りの場を設けて活動を行った。この活動によって，同じ会社の友だちと知恵を出し合い協力する力，学級をよりよいものにしようとする気持ちの高まりが見られ，学級力向上につながったと考える。

（2）「お疲れ様」と「ありがとう」

　毎週輪番で行っている給食当番だが，みんなのために一生懸命準備をしていることを当たり前と思うのではなく，感謝の気持ちをもってほしいと思い，担任からいつも「お疲れ様」「ありがとう」を言うように心がけた。いつのころからか，児童間でも「お疲れ様」「ありがとう」と伝える姿が見られるようになり，当たり前の習慣となっていった。金曜日の給食準備の後には，「一週間お疲れ様」と声をかけるようになった。これが，ふだんの生活のさまざまな場面に波及し，児童同士で「ありがとう」と伝え合うことが多くなった。

（3）やり直しタイム

　毎日の宿題プリントの答え合わせを，朝の健康観察後に行った。間違えた問題のやり直しは，自分一人ではなかなか難しい。そこで，グループでの教え合いを行った。グループ全員のやり直しが終わったら提出するというものである。この活動から，学力充実につながるだけでなく，「支え合い」「協力」の気持ちが高まると考えた。自分たちのグループのやり直しが終わると，他の班の友だちにも教えに行く微笑ましい姿が見られた。

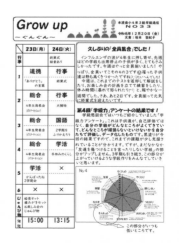

図12　学級力向上プロジェクトを紹介した学級通信

6 保護者への啓発

　学級力向上プロジェクトは，保護者に学級の様子を知らせるのに，大変有

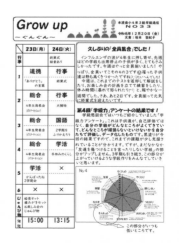

効な取り組みである。学級懇談会や学級通信で，保護者にレーダーチャートの変化を見てもらい学級のがんばっていることや課題，取り組んでいるスマイル・アクション，スマイルタイムの様子などを知らせている。そして，次のアンケートまでどう伸びていき，学級力がどう高まっていくのかなどを伝えていった（図12）。

7 プロジェクトの成果

　児童は日々の授業の中で，友だちとの関わりの中で，多くの行事の中で当然成長していくものである。今年度取り組んだ学級力向上プロジェクトは，さらなる児童の成長の手助けになることを実感した。これまで述べてきたように，プロジェクトの取り組みによって，自分たちの力でさらに高い仲間づくりの目標の実現に向かって努力しようとするのである。目標を実現させるためには，どんなときにどんな行動が必要なのか，友だちへの言葉かけはどうすればいいのかなどを考える力がつくのである。もちろん，その内容には各学年の成長段階があるが，この一年間の4年生としての力の伸びは，とても素晴らしかったと思う。4月当初には，授業中になかなか自分の考えを発表せず自信がなさそうにしていたA児は，3学期には1日に何度も挙手するようになった。決まった友だちとしか遊ばなかったB児は，男女問わず一緒に遊ぶ友だちがぐんと増えた。このような一人ひとりの高まりが見られると同時に，みんなで「ありがとう」「おめでとう」「がんばろう」など励まし合う声が飛び交う学級へと成長した。年度が終わるときに保護者からいただいた色紙には「4年3組最高のクラス」という文字がある。一年間，学級力向上プロジェクトで取り組んできた一人ひとりの児童のがんばりの成果であると思う。

　本校では引き続き学級力向上プロジェクトの取り組みを継続していき，支持的風土のある学級経営をもとに，児童の「生きる力」の充実を図っていきたいと考えている。

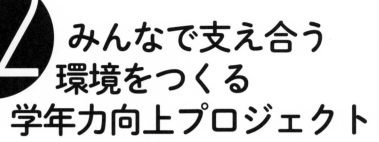

12 みんなで支え合う環境をつくる学年力向上プロジェクト

江袋勇樹

はじめに

　学級力向上プロジェクトは，児童が客観的にレーダーチャートや数値で学級の状態をとらえ，よりよいクラスをつくろうと主体的に取り組める活動である。一方，本校では，若手教諭が多く，同じ学級力向上プロジェクトを行っても担任の力量や児童の実態によって同学年でも学級間に差が生じてしまう。それでは，自分の学級がよければよいと考えたり，隣の学級と競い合ったりすることなく学年全体が力を合わせて行事に取り組むのは難しい。特に高学年では仲間同士支え合えるクラスをつくっても，隣のクラスには無関心だったり，思いやりの気持ちをもてなかったりするようでは意味がない。学校行事を通して成長する子どもたちを，さらに大きく成長させるには，ふだんから広い視野で困っている友だちや支援が必要な友だちを見逃さず，みんなで支え合う環境づくりが必要である。そこで，本校では6年生の2学級で「学年力向上プロジェクト」を行うことで，複数の目から学級を支え，どの学級も児童が安心して学校に通える環境づくりを行った。学年力向上プロジェクトでは，以下のR-PDCAサイクルを学年共通で行った。

　① R　学年力アンケートの実施
　　　学年ミーティング（スマイルタイム）によるアンケート結果の

分析

②　P　目標，スマイル・アクションづくり

③　D　行事や日常での実践

④　C　学年力アンケートをもう一度行い，学年ミーティング（スマイルタイム）で確認し合う

⑤　A　目標やスマイル・アクションを改善する

本実践は，私が６年１組を担任したときのものである。

🎬1 学年ミーティング

学年ミーティング（スマイルタイム）では，２学級の全児童が１つの教室に集まり，学級力アンケートを基に作成した学年力レーダーチャートを見ながら話し合いを行った。学年力レーダーチャートは，学級力レーダーチャートを最大80人分打ち込めるシートにして２学級分を合計して作成した。学年ミーティングの流れは以下の通りである。

（1）レーダーチャートを全体でとらえる

最初に，学年全体でレーダーチャートの傾向を確認する。１回目のレーダーチャートが図１である。「学習」が低いことや，全体での「支え合い」をもっと高めたいということを確認した。２回目以降は１回目のレーダーチャートからどこがどう変化したか全体で確認し合い，どの項目が伸びたのかを共有する。また，目標にしていた項目についても確認する。伸びたところは全体でほめ合い自己肯定感や達成感を味わわせる。

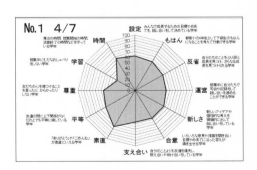

図１　第１回学年力レーダーチャート

（2）個別に学年力レーダーチャートを読み取る

全体で共有した後には，個別にレーダーチャートを読み取る時間を設定する。読み取りの時間で大切にしたいことは，誰もが主体的にミーティングに参加できるよう支援することである。なかには，自分の意見や思いを十分に表現できない児童もいる。ここで，何も思いをもてない

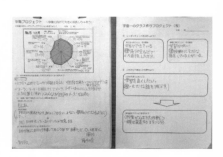

図2　読み取りで使用した
　　　ワークシート

と，その後の活動も受け身になってしまいがちである。ここでは，

- どの項目が伸びたか
- どの項目に課題があるのか
- 今後どの項目を伸ばしていきたいのか
- どんな目標を立てたいのか
- どんなスマイル・アクションを行いたいのか

など，ある程度の視点を与えて読み取らせたり，ワークシートを作成し記入させたりすることで，誰もがある程度の意見をもてるようにすることで，全体が一体になって取り組んでいる意識をもてるようにした（図2）。特に「今後どの項目を伸ばしていきたいのか」では，低い項目の「学習」を伸ばしてもっとよくなりたいと考える児童と，高い項目の「支え合い」をさらに伸ばしていきたいと考える児童など，さまざまに自分の意見がもてた。

（3）グループ検討

自分がアンケートに記入したことや，個別にレーダーチャートを読み取ったワークシートを基に，グループでスマイル・アクションや目標を考える。ここで課題となるのが，グループ内でなかなか意見がまとまらないことである。同じレーダーチャートを見て話していても，同じ項目

で高い評価をした児童と低い評価をした児童がグループ内にいては，意見もまとまらずよいアイデアも浮かばない。そこで，予め学年ミーティング（スマイルタイム）の前に，なるべく似たような回答をした児童を同じグループに設定することによって，スマイル・アクションや目標を考えやすくした。特に，多くの児童が高い評価をした項目で，低い評価をした児童を集めたグループは，他とは違う視点で改善策をつくることができ有効だった。

（4）全体での検討

　最後に各グループで考えたことを発表し，どのような目標のもと，スマイル・アクションを行っていくかを検討する。学年で行っていると人数も多く，発表グループも多くなってしまうので，各グループの考えた内容をお互いに見合う時間を設けた（図3）。また，その際には1人に3枚ずつシール

図3　お互いのアイデアを見合う様子

を配り，よいと思ったアイデアにシールを貼るようにした。そこで特に注目を集めたグループは改めて，全体で発表を行った。このように，相互評価の時間をつくることで，よりよいアイデアを出したいという気持ちが高まり，回を重ねるごとに工夫が見られた。1回目の学年ミーティング（スマイルタイム）では，特に「支え合い」の項目を伸ばすことが決まった。

😐2 目標とスマイル・アクション

　学年ミーティング（スマイルタイム）で考えた，学年力を伸ばすための目標やスマイル・アクションは行事やふだんの生活で実際に実行していく。この学年は，特に「支え合い」や「反省」を伸ばすための取り組

みを行った。

（1）宿泊学習での取り組み

　子どもたちが最初の目標にしたの
が，宿泊学習だった。学年力ミーティ
ング（スマイルタイム）では，「何人
かが成長をするのではなく，学年全
体でレベルアップしないと学年力は
上がらない」と考え，宿泊学習のス
ローガンを考え，いつでも意識して
生活しようと取り組んだ。全体で検
討し合い，できあがったスローガン
は以下である。

「1人では何もできないから　みんな
がいる

　　みんながいるから　達成した時の
　　よろこびが　大きくなる」

　このスローガンは不織布に大きく
書き込み，宿泊学習前は，1組と2組
の間の壁に掲示し，宿泊学習中は，宿
舎に掲示していつで
も見られるようにし
た（図4）。このス
ローガンが常に意識
されていたため，ふ
だんは意見がくい違
うグループ決めなど
は，スムーズに決
まった。それだけで
はなく図5の学年

図4　掲示された
　　　大型スローガン

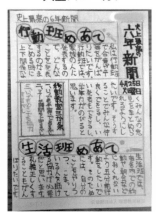

図5　学年ミーティング後
　　　のはがき新聞

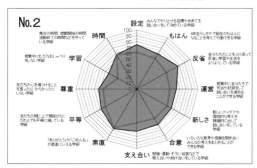

図6　宿泊合宿後の学年力レーダーチャート

いじめ、クラスになじめない子をなくす学級力向上プロジェクト

ミーティング（スマイルタイム）後のはがき新聞にあるように，相手を
大切にして困っている友だちを見逃さずに協力しようとする意識も高
まった。

　宿泊学習後の学年力レーダーチャート（図6）からも「みんなの意見
をまとめられるように」「自分のことをやりつつ，こまっている人を助け
る協力が必要」などの言葉も挙がり，友だちとの支え合いを行い，実感
することができた。実際に宿泊学習中も，次の予定を確認し合ったり，
自分の意見だけではなく，周りの意見を確認してから行動したりするな
ど，クラスの垣根なく，相手を思いやる姿が多く見て取れた。

（2）運動会での取り組み

　子どもたちが次に目標にした行事
が秋に行われる運動会だった。運動会
で行われる表現では例年「組体操」が
行われ，それを成功させることで学年
力を伸ばそうと考えた。

　学年ミーティング（スマイルタイ
ム）では，ポイントが低い項目を伸ば
すことよりも，前回に大幅に向上した
「支え合い」をさらに伸ばす方向に
なった。そして，子どもたちが考えた
のは組体操のテーマである。あえて，
学年力レーダーチャートにある項目で
もある「支」という文字にすることで，
常に意識して取り組もうと考えた。実
際に練習では，お互いに声をかけ合い
ながら，励まし合い取り組んでいる様
子が見て取れた。

　特に，みんなで成功させたいという
思いも強く，児童の振り返りのはがき

図7　運動会　組体操の台本

図8　運動会後の振り返り

新聞（図8）の中にも「組体操を通して，自分も相手もお互いを信じ合えているから成功できたと感じました。」など，運動会を通しても宿泊学習同様に支え合いができていた。

（3）日常での取り組み

行事以外にも，ふだんから学年力向上のために取り組めることを考え実践を行った。学年ミーティング（スマイルタイム）のグループでスマイル・アクションを考え，決まったスマイル・アクションを掲示し（図9），日常でも行える取り組みを行った。

図9　各グループの　　スマイル・アクション

しかし，時間が経つごとにグループにより活動していたり，していなかったりなど課題も出てきた。そこで，学年ミーティング（スマイルタイム）を行い，その結果4月の学年ミーティングや宿泊学習の目標でもあった「学年全体でレベルアップ」，そして「反省する力」を伸ばすことになった。そこで，考え出されたのが週ごとの予定と振り返りをアクションカードの下につけて掲示することである（図10）。自分たちで考えて加えた振り返りなので，その後は比較的にどのグループも自分なりの活動が行えた。また，自然と帰りの会で報告

図10　スマイル・アクションと振り返り

し合う時間もできた。「毎日のめあてをおみくじにして，朝の会で発表する」など，より楽しく自分たちで決めたスマイル・アクションに取り組んでいこうとするグループもあり，全体で取り組む雰囲気もよりできあがった。

（4）学年を超えた活動

　6年生として，自分の学年の友だちを思いやることができただけではなく，他学年の様子についても考えられるようになった。6月の梅雨の時期に，廊下を走りまわる5年生を見て，6年生として何かできないかを考えた児童がいた。そこで，いつもの学年ミーティング（スマイルタイム）を5・6年生合同で行おうとする案が子どもたちから出てきた。5・6年のミーティングでは，怪我などの事故が多い6月をどう乗り越えるかをテーマに5・6年が混じったグループで協議し，ビーイング（図11）を作成した。作ったビーイングは5年と6年の教室の間に掲示し，いつでも意識できるようにした。6月が終わった後には，また一緒に5・6年ミーティングを行い，がんばったこと，よくなったことをほめ合い，星型の短冊に書いて張り合った。

　3学期の卒業が近くなると，今度は，すべての学年に何かやって

図11　共同で作ったビーイング

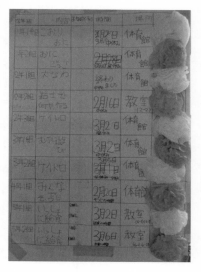

図12　各学年でやってあげたいこと

あげたいという意見も出てきて，各学年にアンケートをとり，実現でき
そうなことを一覧表にまとめ，実行した（図12）。

3 子どもたちの成長・成果

　この学年の子どもたちが卒業直前に学級力アンケートを行い，できあ
がった学年力レー
ダーチャートは図13
である。一番外側の
線が最終的なもので
ある。
　4月のころは低
かった「支え合い」
は学年全体で意識的
に高めていったの
で，最終的に非常に

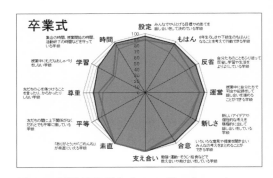

図13　最終的な学年力レーダーチャート

高い値になった。「支え合い」を高めるために，困っている友だちや自分
にできることを精一杯行おうとする意識が高まり，「もはん」や「素直」
も引っ張られるように高まった。自己肯定感が高まったため，ずっと低
かった「学習」も最終的にはアップした。

　全体的にポイントが高いのは，誰もが学年をよくするために取り組
み，安心して生活できたからだと考えられる。一年間学年力向上に取り
組んだ児童の声は以下の通りであった。

- いろいろな行事などで助け合いができた。
- 6年生が学校をよくしようとする姿勢を他学年に示せた。
- 組体操や宿泊学習で目標を設定し取り組むことができた。
- 学年力について，いつも意識できた。
- 1つ1つ振り返り，次に生かせた。
- みんなで話し合って，よりよい学年にしようとできた。

- 面倒に思ったこともあったけど，成功した時や伸びた時は嬉しかった。
- アクションを毎回振り返り，改善できた。
- 自分だけではできないことがわかった。みんなの大切さがわかった。
- レーダーチャートを見るたびにもっとがんばろうと思えた。

また，この実践の成果は以下の通りである。

【成果】

- 相手への思いやりがある行動が多く見て取れるようになった。
- 学年で行事に向かう姿勢や気持ち・行動が一体となった。
- 具体的な目標やスマイル・アクションを立てることができた。
- 必ず振り返ることで，そのローテーションが児童にも身についた。
- レーダーチャート等で，成長が見えることで自己肯定感が高まった。
- 学年内での足並みをそろえることができた。

本校では、この年の6年生の学年力向上プロジェクトを基に，学校全体の教育課程で位置づけを行い，現在では全学年で学年力向上プロジェクトを行っている（図14）。

図14　本校での学年力向上プロジェクトの位置づけ

おわりに

　学習指導要領が改訂になり，21世紀に生きる子どもたちの学びが注目
されるようになった。「主体的・対話的で深い学び」という学びの質が問
われるようになっている。学校で学ぶ意味は，先生や友だちと共に，互
いの個性を結び合い，一人では学べない協働的な学びや他者と比較する
ことによって，より自分の個性を発見する自尊感情の高まりなどを実現
することが求められている。遠隔授業の効果が再評価される中，GIGA
スクール構想も進んでいる。ICT活用など，教育の情報化・高度化によ
り，学校へ行かずとも学べる機会も増えてきている。ハイブリッド型授
業として遠隔と対面（面接）の授業を効率的に組み合わせた授業も展開
されるようになった。このことはよりさまざまな人たちが学ぶ機会が広
がるという点においては，歓迎すべきことでもある。

　その中で，改めて，子どもたちが学校で「学ぶ」ということはどうい
うことなのだろうか，学校に来なければ学べないとは何だろうか，人と
対話するということとは，何をどのように対話させていけばいいのだろ
うか，その学校（学級）のメンバーだからこそ学べることとは何だろう
か，このような問いにこの学級力向上プロジェクトは向き合ってきた。

　これからの子どもたちに求められることは，人とどれだけ協調的に付
き合い，共に何かを創り出す共同参画者としての意識をもつことができ

るのかということである。教師と子どもたちが，新たな教育を創り出す
未来志向の教育が求められるのである。

　本書を貫く，「いじめ，クラスになじめない子」という集団の中での疎
外感については，未だ解決途中の問題であり，学校という場所が子ども
たちにとってどれだけ大切なのかということを感じながら解決していく
問題でもある。人間は集団の中で連帯しながら生きていく存在であり，
そのことを学ぶことが学校という場所だと感じさせながら学び続ける場
所である。

　学級力向上プロジェクトに取り組む魅力は，子どもたちと共にその学
級でしかできない学級文化を創り上げていくことにある。創り上げてい
く過程において，子どもたち自身が前向きに学級という集団をとらえ，
ブラッシュアップしていくことがポイントとなる。そこでは，形式だけ
残った古い学校文化を見直すことにもなる。見直すべきことは見直し，
新たに創りあげていくべきことを見出していく，そのためのノウハウが
本書には散りばめられている。学校からなくなったもの，なくしてよ
かったもの，新しく生まれたもの，そんな観点でお読みいただくことも
できるだろう。「日本一，世界一の学級を創ろう」という目標をもって，
学級という集団を自分たちで主体的に創り上げていく。その過程におい
て身につけた資質・能力が，これからの時代を生きて働く力，本当の学
力として位置づく日が来ることを願っている。

143

2021年2月吉日

編者　今宮信吾

執筆者一覧 （執筆順）

今宮信吾 （いまみや しんご）　　　編者

田中博之 （たなか ひろゆき）　　　編者

磯部征尊 （いそべ まさたか）　　　愛知教育大学 准教授

伊藤大輔 （いとう だいすけ）　　　秋田県立大学 教授

村瀬琢也 （むらせ たくや）　　　愛知県海部郡飛島村立飛島学園 教諭

遠藤真司 （えんどう しんじ）　　　早稲田大学教職大学院 客員教授

蛯谷みさ （えびたに みさ）　　　大阪体育大学 教授

野村宏人 （のむら ひろと）　　　島根県益田市立高津小学校 教諭

宇都　亨 （うと あきら）　　　兵庫県尼崎市立小園小学校 教諭

川村朋也 （かわむら ともや）　　　愛知県名古屋市立平針中学校 教諭

清水生恵 （しみず たかえ）　　　京都聖母学院小学校 教諭

藤井幸一 （ふじい こういち）　　　大阪府堺市立浜寺小学校 教頭

坂本登紀子 （さかもと ときこ）　　熊本県天草市立本渡北小学校 教諭

江袋勇樹 （えぶくろ ゆうき）　　　元　東京都大田区立都南小学校 主幹教諭

※所属・肩書きは初版第3刷時

関東学級力向上研究会　https://classroomcompetencies.org/

中部学級力向上研究会　https://masataka-isobe.hatenadiary.jp/

関西学級力向上研究会　https://kansaigakkyu.amebaownd.com/

※URLは2023年7月現在

編者プロフィール

今宮 信吾（いまみや しんご）

大阪大谷大学教育学部教育学科 教授

専門：国語科教育・教師教育・校内研究・研修

1964年生まれ。兵庫教育大学学校教育学部卒業。兵庫教育大学大学院修士課程修了。兵庫県公立小学校，神戸大学発達科学部附属住吉小学校，関西大学初等部等で教鞭をとる。その後，白鳳女子短期大学総合人間学科非常勤講師，プール学院大学教育学部教育学科准教授，桃山学院教育大学人間教育学部人間教育学科教授等を経て，2021年4月より現職。

[著書]

『こころの展覧会—教室で読みたい子どもの詩』桐書房，2002（単著）

『ワッとわくことばの力をつける詩の授業』フォーラムA，2010（単著）

『人間教育を進めるために—主体的・対話的で深い学びを創造する』ERP，2018（編著）

『対話を通してことばを深く学ぶ主体の形成—神戸大学附属住吉小学校・中学校の国語科総合単元学習の軌跡』溪水社，2021（分担執筆）

など。

田中 博之（たなか ひろゆき）

早稲田大学教職大学院 教授

専門：教育工学および教育方法学

1960年生まれ。大阪大学人間科学部卒業後，大阪大学大学院人間科学研究科博士後期課程在学中に大阪大学人間科学部助手となり，その後大阪教育大学専任講師，助教授，教授を経て，2009年4月より現職。1996年及び2005年に文部科学省長期在外研究員制度によりロンドン大学キングズカレッジ教育研究センター客員研究員。

[著書]

『学級力が育つワークショップ学習のすすめ』金子書房，2010（単著）

『学級力向上プロジェクト』金子書房，2013（編著）

『学級力向上プロジェクト2』金子書房，2014（編著）

『学級力向上プロジェクト3』金子書房，2016（編著）

『若手教員の学級マネジメント力が伸びる！』金子書房，2018（編著）

『新全国学テ・正答力アップの法則』学芸みらい社，2019（単著）

『「主体的・対話的で深い学び」学習評価の手引き』教育開発研究所，2020（単著）

『子どもの自己成長力を育てる』金子書房，2023（単著）

など。

NEW学級力向上プロジェクト

小中学校のクラスが変わる　学級力プロット図誕生！（ダウンロード資料付）

2021年4月30日　初版第1刷発行　　　検印省略
2023年7月31日　初版第3刷発行

編　者　　　今宮信吾　　　田中博之
発行者　　　金子紀子
発行所　株式会社 金子書房
　　　　〒112-0012　東京都文京区大塚3-3-7
　　　　TEL　03-3941-0111（代）
　　　　FAX　03-3941-0163
　　　　振替　00180-9-103376
　　　　URL　https://www.kanekoshobo.co.jp

印刷／藤原印刷株式会社　　製本／一色製本株式会社